有料又有趣的朝代史

2 魏武挥鞭

三国

王光波 编著

浙江工商大学出版社
ZHEJIANG GONGSHANG UNIVERSITY PRESS
·杭州·

图书在版编目（CIP）数据

三国 / 王光波编著 . —杭州：浙江工商大学出版社，2022.1（2024.1重印）

（有料更有趣的朝代史 / 胡岳雷主编）

ISBN 978-7-5178-3869-2

Ⅰ.①三… Ⅱ.①王… Ⅲ.①中国历史—三国时代—通俗读物 Ⅳ.① K236.09

中国版本图书馆 CIP 数据核字（2020）第 083085 号

三　国
SAN GUO

王光波　编著

责任编辑	陈力杨　张晶晶
责任校对	李远东
封面设计	吕丽梅
责任印制	包建辉
出版发行	浙江工商大学出版社 （杭州市教工路198号　邮政编码310012） （E-mail: zjgsupress@163.com） （网址：http://www.zjgsupress.com） 电话：0571-88904980，88831806（传真）
排　　版	北京东方视点数据技术有限公司
印　　刷	唐山富达印务有限公司
开　　本	787mm×1092mm　1/32
印　　张	28
字　　数	532 千
版 印 次	2022年1月第1版　2024年1月第3次印刷
书　　号	ISBN 978-7-5178-3869-2
定　　价	198.00元（全四册）

版权所有　侵权必究

如发现印装质量问题，影响阅读，请和营销与发行中心联系

联系电话　0571-88904970

目　录

第一章　武力乱相：我们都爱兼并

美女与奸雄 _ 003

你终于来了 _ 009

帅哥之死 _ 016

坐着等死的公孙瓒 _ 022

裤腰带的另一种作用 _ 028

将谦虚进行到底 _ 034

徐州我来了 _ 040

孙策据江东 _ 046

文艺青年的命运 _ 051

国丈的秘密 _ 057

写一篇文章骂死你 _ 063

咱俩到底谁更好 _ 069

扼杀在摇篮 _ 075

第二章　官渡之战：头脑发热是会送命的

先打一仗玩玩吧 _ 083

我的心里只有刘皇叔 _ 089

谁都不服谁 _ 094

刘备的骚扰 _ 101
兄弟我来了 _ 107
袁绍殒命 _ 113
只有假遗嘱才是遗嘱 _ 119

第三章　祸起萧墙：难收拾的烂摊子

暂且放你一马 _ 125
两个小鬼的斗争 _ 129
家事难决请外人 _ 133
你是哥哥你先死 _ 139
壶关是我的 _ 145
斩草必须除根 _ 151

第四章　长坂混战：刘大耳朵快跑

还是亲人靠得住 _ 159
我也喜欢放火 _ 165
批量生产的荆州名士 _ 171
你跟我还是不一样 _ 177
诸葛亮，我终于见到你了 _ 183
刘表的儿子 _ 190
还是赶紧逃吧 _ 196
我就是不说话 _ 202
张飞爷爷一声吼 _ 208
老三惹祸老二救 _ 214
鲁肃版的"隆中对" _ 218

第一章

武力乱相：我们都爱兼并

美女与奸雄

汉献帝建安二年（公元197年）初春。这日，阳光迈着轻盈的步伐，洒满了整个大地，风微微地吹拂着，千条万条的垂柳，舒展着它们柔软的身躯，一切都仿佛从漫长的睡梦中醒来，精神焕发。曹府内，欢声笑语，沉浸在阵阵喜气的氛围中。今日，是曹操大喜的日子，曹操已有几分醉意。初来宛城，便得如此佳人，曹操怎能不陶醉。再看那美人，"手如柔荑，肤如凝脂，领如蝤蛴，齿如瓠犀，螓首蛾眉，巧笑倩兮，美目盼兮"，曹操更是醉了，纵是在战场上再如何叱咤风云，也不免要拜倒在美人的石榴裙下了。

自古美女配英雄，曹操被唤作"奸雄"，却也不枉雄才的称谓。曹操生性风流，又兼懂得弄文舞墨，自是惹女人喜欢，一生拈花惹草无数，流连万花丛中从来都是游刃有余。只是，这次，他不知道，他在温柔乡中不可自拔之时，一场灾难正慢慢向他逼近，并且这场灾难因这个女人而起。

曹府内，此情此景，自是让人入境。在这乱世之秋，世事无常，明天尤让人无法预料，何谈将来。此时，能得片刻安宁，明智之举便是好好享受。日落枝头，夜幕就要降临，狂欢仍在继续。放眼望去，众人一脸喜气，一番意犹未尽的表情。只是，有个人如此郁郁寡欢而显得格格不入，细看之下，此人乃是张绣。

张绣此人甚是了得，来头不小，是当时武术名家童渊的大徒弟，他的两个师弟张任、赵云也是威名远扬。张绣使一杆虎头金枪，他的独门绝技"百鸟朝凤枪"法，让人闻风丧胆，人称"北地枪王"。这张绣能为曹操所用，这里面还有一段故事。

初平三年（公元192年），董卓被杀，他的部下大将张济、李傕、郭汜入长安为其报仇，只是中间生出了枝节，这三人起了内讧，时任骠骑将军的张济一怒之下，带着自己的亲兵离开了长安。只是，冲动是魔鬼，这话一点儿都不言过其实。张济的这个决定，让他连后悔的机会都没有，就一命呜呼，奔黄泉去了。

张济领兵出走，一路上无粮饷供给，自是饥饿难耐，竟有些慌不择路，一行入了荆州边境。麻烦来了，这荆州乃是刘表的地盘，所谓一山不容二虎，两军一番火并。场面很惨烈，结局很悲伤，张济中箭，壮烈牺牲了，可怜连死都没有吃上那顿饱饭。

张济一走，军中无将，不是长远之策。张绣就接管了他的部队，这张绣与张济关系不一般，张绣乃是张济的亲侄子。张绣跟随张济多年，此次入长安，张绣也不离左右，因军功显著升至建忠将军，封为宣威侯。

张绣自悲痛中走出，化悲痛为力量，发誓要杀刘表，为叔父报仇。但是，势单力薄却是无奈的事实，叔父待我如亲生儿子，我却如此无能，声声叹息，声声无奈，报仇雪恨的希望日渐渺茫，张绣日日寝食难安。

建安二年（公元197年），曹操南征，以无以抵挡之势率领部队到达淯水，其雄赳赳气昂昂的气势，让张绣的希望重新燃起。纵观天下大势，曹操可谓独霸一方，况且有挟天子以令诸侯的优势，成就大业似乎指日可待。大丈夫就要能屈能伸，张绣毫不迟疑，率军投奔曹操去也。曹操重才，众所周知，况且他早就听闻"北地枪王"的大名，若是能够收为己用，那真是如虎添翼。曹操欣然接受，张绣为叔父报仇之事也提上了日程。可惜，人生不如意之事十之八九，一个女人，让曹操与张绣的合作开始出现裂痕，以至于到了兵戎相见的地步，此人就是我们开头提到的佳人——邹氏。

曹操娶邹氏，这乃是人家的私事，跟张绣有什么关系，这张绣不是狗拿耗子多管闲事吗？其实不然，张绣生闷气，自然有他的道理。这邹氏乃是张济的遗孀，换句话说，就是张绣的叔婶。

这邹氏乃异域女子，没有汉人的三从四德观念，年纪轻轻便守了寡，自是不安分，在外抛头露面，活跃于城内公共场所，被曹操看见，甚是欣赏，便娶回家自己享受去了。张绣不乐意了，叔父张济尸骨未寒，仇未报，这叔婶就另觅他主，况且这人还是自己的新主子，这张济若泉下有知，那得多冤。真是赔了夫人又折兵。这口怨气张绣咽不下，始终如鲠在喉，反叛之心油然而生。张绣再看曹操，眼神与心绪便迥然不同了，夹杂着更多的不满与怨恨。

张绣的手下有一员猛将，名胡车儿，曹操非常欣赏，经常以重金赏赐。张绣敏感的心灵顿时警觉起来，莫非曹操是想收买胡车儿，以借机杀掉自己？张绣看曹操既然已经戴着有色眼镜，处处都可以看出隐患。

既已如此，等着被人宰，何不如先下手为强。张绣心中愤怒的小火苗已经燃烧成熊熊烈火，不喷发，不痛快；不燃烧，不泄恨。只是，此时的张绣实则是进退两难，北有曹操，南有刘表，一招不慎，那就死无葬身之地。这时，他手下的谋士贾诩分析当下的情形，极力主张联刘表抗曹操。若是能够成功，便可控制豫州，如此一来，兖州便是囊中之物。

贾诩所想不无道理，曹操已是虎视眈眈，若是再与刘表敌对，则是两面受敌，岌岌可危。当务之急不若联刘表而抗曹操。张绣虽是一介武夫，却也懂得明事理，看得是非。杀叔父之仇暂且放在一边，保命要紧，留得青山在不怕没柴烧。

恰在这时，刘表似是听闻了风声，派人过来慰问，对张济之死表示歉意，更表明态度，愿意接纳张绣及其军马。刘表所虑，乃是以张绣为一个缓冲地带，避免了与曹操的直接接触，况且刘表治荆州，一向是主和不主战。既是如此，双方一拍即合，达成共识。

朋友成敌人，敌人成朋友。在这乱世之中，本就没有永远的朋友，也没有永远的敌人，全在利益二字，张绣将这一点诠释得淋漓尽致。两军联盟，张绣驻守宛城，刘表的北部防御也有了保障。阴谋一步步进行着，曹操对此却一无所知，只是沉浸在温柔乡中无法自拔。这日，张绣以整编军队为由，将曹操贴身侍卫典韦拉到自己身边，是夜，设宴款待。典韦甚好酒食，不疑有他，又是爽快之人，二话不说，开怀大吃大喝，喝得烂醉如泥，根本无法执行守卫任务。

夜幕拉开，伸手不见五指，曹操的营帐外已经潜伏了张绣的士卒，营帐内正饮酒作乐，歌声断断续续，此时不动手，更待何时。只听一声令下，厮杀之声，骤然而起。幸得曹操反应快，片刻便认定是张绣叛乱，立即高呼典韦，典韦哪里搞得清楚状况，迷迷糊糊被厮杀声惊醒，尚存几分清醒，立即率兵守住帐营。

典韦身材魁梧，臂力过人，擅使两支铁戟，传闻这两支铁戟重八十斤，军中有语："帐下壮士有典君，提一双戟八十斤。"只是，现在却以短刀迎战，原来，他那两支铁戟被胡车儿趁其喝醉之时偷走。典韦及其部下十余人，在帐前奋力抵挡，皆以一当十，奋死拼搏。

张绣为免打草惊蛇，并没有带大队兵马，一时间也突破不了典韦的抵挡。就在这空当，曹操在儿子曹昂与侄子曹安民的护送下，从后门抄小路逃走。后来曹昂因为断后而被随后而来的张绣士兵杀死，这成为了曹操在这次战斗中的一个重大损失。

张绣的后援来临，典韦部下死伤殆尽，唯典韦一人孤身奋战，终因寡不敌众而身中数刀，身疲力竭，动作已经灵活不起来，背后的致命一枪终究是没有躲过，大骂数声，血流满地而身亡。张绣终于松了一口气，只是终究还是不敢从典韦身边经过。典韦死得如此让人心惊胆战，半响，张绣及其部下确定典韦终是无回天之力后，才敢向前。

张绣命人将典韦首级砍下，在军中相互传阅，没有欢呼，没有雀跃，更多的是对于典韦忠主侠义之情的钦佩。

通过这一次搏杀，张绣的英名可谓是世人皆知，毕竟他所打败的是之前所向无敌的曹操，更让曹操吃尽了苦头，不但丢掉了自己的长子曹昂，还丢掉了他引以为豪的一员大将典韦。这给了曹操十分沉重的打击，也让曹操明白虽然"食色性也"，但是也并非这么轻易地谁家的女子都能够占有的，为了一个女子竟然让自己损失了这么多实在是不值得。这次争斗直接影响到了后来曹家继承人的问题，可以说正是由于曹昂的去世才给了后面产生的曹丕与曹植争夺继承人之位的机会，完全改变了后来历史的发展进程。

宛城之败，让曹操败得痛心疾首，自己只能灰溜溜地逃走。巨大的仇恨充斥了他的心中，再战宛城，为自己的儿子和自己最心爱的部下报仇只是一个时间问题了。

你终于来了

曹操营帐外，一片狼藉，横尸满地，血染黄土，惨不忍睹，一场恶斗刚刚结束。张绣仗着人多势众，终于将典韦拿下，将其首级砍下，以待传阅示众。营帐内已空无一人，曹操逃逸了。张绣紧握拳头，桌上一拍，大喝一声，追，率领军队往曹操逃走的方向奔去。

后有追兵，前无去处，曹操心急万分，悔不当初，红颜祸水，怎么就是不能以史为鉴。正想着时，一支箭射在了马屁股上，正奔跑着的马嘶鸣一声，猛然停住，不动了，曹操从马上摔了下来，幸好无碍。只是，这马受了伤，无论如何哄骗，都奈何不了它了，真是屋漏偏逢连夜雨。

追兵哒哒的马蹄声，越来越近，曹昂当即将自己的马让给了曹操。在这千钧一发的时刻，若是没有马，那等于死路一条。

曹昂如此作为，不禁让曹操这个硬汉潸然泪下，抬手在曹昂的头上摸了一下，满含泪水地看了曹昂最后一眼，转身跨上马，快马离去。

曹昂与曹安民断后，与追来的张绣浴血奋战，终寡不敌众，均壮烈牺牲。曹操以重大的代价，长子曹昂，侄子曹安民被杀，猛将典韦战死，捡回了一条生命。曹操率领残兵到了舞阴城，惊魂未定，知道曹昂与曹安民是回不来了，不免痛哭起来。更雪上加霜的是，传来了典韦已死的消息，一连串的打击，曹操有些承受不住了。将自己关在屋子里，整日不吃不喝，不言不语。这日，曹操的房门终于打开了，房外是焦急等待的将军与侍卫。苍白的面容，凌乱的头发，曹操一下子苍老了很多，只是他的声音仍充满着自信与当初的激情，这下众人总算是放心了。

终究是做大事的人，只消一日，曹操便已从悲痛中恢复，逝者已矣，日子仍然要继续。曹操立即命人去张绣处谈判，将典韦的尸体取回，隆重地将其安葬在襄邑，亲临哭丧。此后，每逢经过此地，定会前来追悼，并时不时对身边的人说，"非典，吾死矣"，曹操还算感恩之人。

曹操将典韦之子典满视为亲生，拜其为郎中，后来又将其升为司马，留在自己身边做侍卫，在短短时间内，典满就坐到了父亲的职位上。自家事办完了，曹操的下一步目标就是张绣了，这个不共戴天的仇人，定要除之而后快。曹操打算撤回许都，整顿军队，以做好进攻准备。

这边曹操还没有动手，张绣就紧追而至，屯兵在舞阴城外，曹操大将于禁等人，做好防御工作的同时，以小股游击的形式主动出击，其神龙见首不见尾的架势，将张绣打得丈二和尚摸不着头脑，一点儿便宜也没有占到，没撑多久就恼怒着退居穰城。

曹操顺利撤回许都，招兵买马，苦练军队，准备再次攻打张绣。建安三年（公元198年），春节刚过，曹操就按耐不住焦躁的心情，迫不及待地讨伐张绣，率领军队围住了宛城，准备攻城。张绣也不简单，早就做好了防御工事，况且有"实力派"刘表的加盟，曹操连攻数日，仍无任何取胜迹象，反倒是被张绣占去了优势。

曹操看胜利机会渺茫，便撤兵退回。张绣看准时机，打算在其屁股后面给其一击，谋士贾诩认为不妥，曹操心中有恨，怎肯轻易放弃，定是会设下埋伏。贾诩苦口婆心一番劝说，张绣仍一意孤行，不肯听从。如贾诩所料，曹操准备多时，自是不肯轻易罢休。曹操屯兵安众，夜里暗中挖了一条地道，将车马运走，士卒则是隐匿在安众，给张绣造成曹操军队已从地道撤退的假象。

张绣追至安众，看到地道，便断定曹军已从地道撤退，立即追赶。急火燎燎的张绣一门心思往前追，却不料曹军从天而降，在屁股后面给张绣一击，这原本是张绣的初衷，此刻张绣却遭遇如此，真是让人哭笑不得。

结局自是不用说，张绣败得狼狈，他悔不当初，拉着贾诩的手，一遍一遍地述说，若听良言，怎会落得今日之地步。只怪昨日不能重现，贾诩一番安抚，然后再出良策，此时趁曹军得胜心里无戒备之时，若能整残兵，在其后追击，定会取胜。张绣这下糊涂了，以精兵攻之，尚不能取胜，现在要他以残兵攻之，这结局可想而知。这贾诩真是聪明一世糊涂一时。张绣将自己的想法说给贾诩，贾诩一笑，仍坚持己见。张绣一介武夫，怎么想也猜不透其中的道理。

只是，有前车之鉴在此，张绣抱着九死一生的信念和半信半疑的态度，打算暂且赌一把，整顿残兵，尾随曹军后，伺机出击。曹军被打了个措手不及，惊慌之余，多有溃散，曹兵大败。曹操万没有想到会是如此结局，初时的喜悦转瞬成为惨败，这变化太突然，思绪还没有转过弯来，面临的就是豫州领地的大部分丢失。

如此三番两次，曹操征讨张绣，双方互有胜负，进入一个相持阶段。在张绣虎视眈眈之际，让曹操感到火上浇油的是，后院起火。原来曹操根据地许都告急，袁绍这只老狐狸，正盯着汉献帝这块肥肉，想要效仿曹操"挟天子以令诸侯"。

张绣要杀，但是，许都更是不可失，两者相较，当务之急乃是保许都不失，曹操率领残兵回到大本营，袁绍的阴谋没有得逞。此路不通，另觅他途。所谓敌人的敌人就是朋友，袁绍打算拉拢张绣，便派了使者去拜访张绣。张绣欣喜万分。以当前之实力，充其量可与曹操打个平手，但是，袁绍兵马众多，实力远在曹操之上。若是能得袁绍相助，败曹操指日可待。

想及此，张绣喜上眉梢，便要开口答应，却不想被贾诩抢先一步给回绝了。如此大好时机，贾诩却不抓住，这是什么道理。张绣怒视贾诩，满腹疑问。贾诩先将使者打发走，才说明心意。

原来，贾诩之意乃是让张绣舍袁绍而投奔曹操。张绣顿时火冒三丈。曹操乃是不共戴天的敌人，况且曹操多条人命丧于自己手中，若去投奔他，那不是自投罗网，贾诩这脑袋锈了不成？贾诩不紧不慢，慢条斯理将这其中的缘由细细讲来，张绣的火气消了七分。细细品来，贾诩说的确实是句句在理。

袁绍手握大兵，旗下将领无数，若是去投奔他，对他来说，根本无关紧要，不过是九牛一毛，定然不会把张绣当成一回事。相比之下，曹操就不同了，他此时正值缺兵少马，如去投奔他，必定能够得到重用。况且，依曹操之雄心壮志，又兼"挟天子以令诸侯"，名正言顺，日后未必不如袁绍，曹操是个成大气候的潜力股。

但是，问题来了，这也是让张绣更加担心的，曹操能否接纳一个背叛自己的仇人？贾诩巧舌如簧，一番花言巧语，打消了张绣的顾虑。一来，正值曹操招兵买马之时，又有袁绍威胁，张绣若去投奔，无异于雪中送炭，曹操定会欣喜款待，而不会去计较个人恩怨。二来，天下人为证，他曹操必定会向天下人展现他的宽宏大量。有了这些安全保障，张绣仍旧心有余悸，寝食难安，日夜思考。只是，形势逼人，张绣终究是硬着头皮去投奔曹操了。

见了曹操，此情此景让张绣更加佩服贾诩的料事如神。曹操心情极好，亲自迎接不说，更是如同见了故人一般热情洋溢，绝口不提当年往事。两人相见甚欢，一同赴宴，并促膝长谈，一同憧憬未来，之后恋恋不舍地分开，临走时还敲定了儿女亲事，成了欢喜亲家。

曹操跟袁绍的大战就要开场，为让张绣为其效力，曹操封张绣为扬武将军，更赠送美宅一处。张绣感恩戴德，曹操如此待己，足见真心，自此更加卖命为曹操打拼。

曹操终于将自己的一个敌人给转化成了一个得力手下并且获得了宛城，这应该说是曹操的一大胜利，但是另外一方面这也是另外一个人的胜利即谋士贾诩。贾诩本来作为李傕的手下，当年就是他为李傕献上了反王允控制朝廷的计策，使得李傕郭汜可以把持朝廷多年。后来李傕、郭汜兵败，贾诩辗转来到了张绣手下，又献上了几乎至曹操于死命的毒计。可是最后却帮助曹操让张绣得以归降。这其间很明显贾诩是在选择自己的主人，一旦他肯定了一个人的能力之后便会死心塌地地跟随他。在这之前的谋略都可以看作是贾诩为自己所做的一个求职广告，由此给曹操很深的印象，如此而来，贾诩便可以待价而沽，让曹操在自己众多的谋士之中加强对自己的关注，最终成就自己辅佐主公的梦想。

但无论怎样，曹操的后顾之忧解除了，几经波折，张绣终究是投入了曹操的麾下，与袁绍的大战即将开演。

帅哥之死

曹操征讨张绣未果,退居许都,与张绣成相持之势,总算是可得一夕之安宁。是夜,曹操辗转反侧,难以安眠,便披衣而出,仰望天空,月黯淡,星闪亮,散布各个方向,布满整个苍穹。登上庭院中的假山,曹操想要离星空更近一些,昂首远眺,却让曹操惊出了一身的冷汗。当今之形势,四面威胁俱在,让曹操成了瓮中之鳖,东有吕布、西有张绣、南有袁术、北有臧霸与孙观这两个吕布的盟友以及袁绍这只猛虎。

这些人都在虎视眈眈,饿虎扑羊一般的气势,让曹操满腔的热情顿时被冷水浇灭了,原来一夕安宁都不可得。曹操的思绪快速转动着,事态严重,须有个万全之策。兵力不足,不能分散兵力,只能联合盟友,集中实力,各个击破。刘备是个可用之人,那么第一个矛头应该指向哪个方向呢?曹操六神无主,便命人将荀彧唤来,尽管已经入夜,但他已经等不及了,非找人商量出个对策来不可。

荀彧来了,问题一提出,荀彧便给出了方案,原来此事他已关注多时,考虑多时,第一个目标是吕布,只能是吕布。他们之间的矛盾与利益冲突是突破口,只有沿着这一方向,方能找到解决方案。张绣刚刚经历了战败,必是元气大伤,短期内不敢轻易进犯。北方有袁绍与吕布的势力,这二人素来不和,无甚好感,他们二人联合的可能性微乎其微。而吕布与袁术则是时战时和,完全是利益在支配,依现在的形势来看,若是攻打吕布,袁术增援吕布的几率几乎不存在。

吕布与臧霸、孙观这三人一旦联合起来,形成犄角之势,曹操将无处可逃。所以必须将其主力吕布先行扼杀,才能各个击破,突出重围。主动出击,掌握主动权,并且能够出其不意攻其不备,这是曹操的一贯作风,此次也不例外。曹操留下小部分兵力,在西部防御张绣,之后便率领主力一路西行,与刘备会合,准备给吕布意外一击。

曹操采取声东击西之策,先命人切断吕布外援。东北的臧霸、孙观是吕布势力,曹操在刘备与曹仁的掩护下,亲率军将他们击溃。袁术也是不可忽略的可能因素,刘备率军切断袁术与吕布来往路线。一切准备就绪,吕布被彻底孤立,就等好戏开场。曹操步步为营,吕布再怎么迟钝也明白了曹操的用意,立即召开紧急会议,商讨御敌之策。吕布雷厉风行,无几,就做好了防守工事，以陈圭守徐州城，以高顺和张辽守沛县，以陈宫守萧关，吕布则率领主力部队前往各地支援。

如此严谨周密的计划，顺利击破似乎不是那么轻而易举的事情，曹操有些犹豫。谋士荀彧看出了曹操的忧虑，便进言，主公难不成忘记了陈珪、陈登父子。

经荀彧一提醒，曹操顿时来了精神，这两张王牌，是该派上用场的时候了。陈珪、陈登父子虽在吕布手下供职，心却在曹操那里，乃是曹操的眼线。曹操立即秘密命人联系到他们，委以重任，所谓养兵千日用兵一时，这二人大展身手的时机到了。

陈珪父子不负重托，立即着手准备。吕布三地防御两地需武力解决，这徐州城可不战而降，但是，问题来了，吕布的妻子儿女及其亲军都在徐州城内，若是不战而降，他们未必好摆平。陈登是个绝顶聪明之人，他跑到吕布那里，以无比诚恳的声调和充满说服力的语言对吕布讲，曹操此次气势汹汹而来，徐州城危机重重，恐怕是凶多吉少，为以防万一，不若到下邳躲避一番来得安全。

吕布此刻已毫无主见，又听陈登说的句句在理，便将妻子儿女及其近卫兵，外带部分粮草都转移到下邳，如此一来，陈登松了一口气，徐州城的问题就解决了。接下来，目标就是沛县与萧关。这一次，陈登又使出了漂亮的一招，曹军不费吹灰之力，控制了这两个地区。吕布率领主力去支援萧关，准备与陈宫与高顺内外夹击，来个瓮中捉鳖，一举将曹操毁灭。陈登一听，这下麻烦大了，聪明如陈登，脑袋一转，便来一计。

陈登在吕布面前一番花言巧语，争取到了通风报信的职务。既然是内外夹击，总要有个信号才方便行事，陈登建议以燃烧烽火为号，吕布赞同，陈登便领先一步，通知高顺、张辽和陈宫去了。在这空当里，陈登联络到了曹操，约定看到烽火，便可攻打萧关与沛县。陈登在陈宫与高顺这两边却是另一番说辞，说曹操声东击西，虽在此布兵，主力却是去攻打徐州城了，吕布告急，急需支援。

陈宫与高顺一听，这下了得，来不及多想，便留小部分兵力在萧关与沛县，率主力兵一路往徐州城方向奔去。夜幕来临，漆黑一片，一切布置完毕，陈登看时机已经成熟，便在萧关放了一把火，投奔曹操去了。

这边吕布看到烽火，便开始进攻萧关，与陈宫主力遭遇。只是伸手不见五指，哪里还看得清谁是谁，一番厮杀，才知道是自家人。两人意见交流后，才知道上了陈登这个老狐狸的当，连忙赶回萧关，却是傻了眼。

曹操见烽火烧起，便领兵占领了萧关与沛县。吕布见萧关被曹军占领，再战已经得不到便宜，便与陈宫领兵往沛县去，却见曹军的旗帜已经插在了城墙上。一夕之际，连失两座城池，吕布欲哭无泪。吕布与陈宫打算退守徐州，赶至徐州城，却不料徐州的城门紧闭，任人喊破喉咙都无用，吕布备受打击，成了霜打的茄子，蔫了。吕布火爆脾气上来，拼了，正蓄势待发，曹操的大军来了，好汉不吃眼前亏，陈宫拉着吕布火速往下邳方向逃走。

下邳成了吕布最后一个根据地，吕布整顿残军，曹操大军跟随而至，将下邳团团围住，吕布插翅难逃。幸好城中早已准备了一些粮草，不然都成了饿死鬼了，吕布无计可施，焦头烂额，整日与妻儿吃喝玩乐。

陈宫看不下去了，便进言，曹操远道而来，粮草短缺，长此以往，必定不能够支撑，将军可出城与其对峙，等曹操弹尽粮绝，然后一举攻之，方可取胜。吕布正值无助，能抓住根救命稻草便是福，认为此法可行，但是半路杀出个程咬金，吕布的夫人出来阻拦，坚决不让，理由不管充分不充分，却足够说服吕布。

吕布六神无主了，想想这二人说的都有道理，这主意还真难拿。所谓用人不疑疑人不用，吕布优柔寡断，却又听不进谏言，这种性格上的弱势，让其无法成为一个优秀的领导者。相形之下，曹操虽多有独断专行，但在用人上确有过人之处。二人性格上的差异，是他们人生走了不同道路的重要因素。

曹操看久攻不下，粮草已不能供应，再看士卒个个垂头丧气，便采取了荀彧的劝降之策。这吕布虽习惯了趾高气扬，面对无可奈何的困境，却也不得不底下高贵的头颅。但是陈宫却坚决不同意，看来他与曹操结怨甚深。陈宫慷慨激昂，吕布投降的念头被扼杀。

下邳城内，粮草眼看用完，人人都在勒紧了裤腰带过日子，士卒人心惶惶，真怕出什么乱子。真是怕什么，来什么，吕布的担心终究是来了。这日，对吕布颇有积怨的侯成发动叛乱，宋宪、魏续率兵纷纷响应，投降了曹操，无几，陈宫与高顺也被抓。

吕布成了光杆司令，登上白门楼，放眼望去，曹兵无数，眼下是插翅难逃了。吕布大叹一声，命令左右取下他的首级献给曹操。吕布左右均跟随他多年，感情浓厚，哪里忍心，吕布便打开城门，出来投降了曹操。

素闻曹操爱才，抱着一线生还的希望，吕布请求免其一死，愿为曹操效犬马之劳，"明公所患不过于布，今已服矣，天下不足忧。明公将步，令布将骑，则天下不足定也"。曹操欣赏吕布之武才，打算留为己用，刘备却将其种种恶行一一数落，认为不可用，曹操遂命人将其缢死。

武勇天下第一的吕布，陨落在白门楼。吕布以武将起家，骁勇善战，是个难得的军事人才。但因其暴虐成性，为人无谋，才使得一生大起大落，几经波折，落得陨命白门楼的下场。陈寿评价他："吕布有虓虎之勇，而无英奇之略，轻狡反复，唯利是视。自古及今，未有若此不夷灭也。"

坐着等死的公孙瓒

公孙瓒走了一招险棋,冒天下之大不韪,杀长官刘虞,此事让其结怨甚深。刘虞的儿子及其部下虎视眈眈,紧盯公孙瓒,积蓄力量,准备厚积薄发,以报这不共戴天之仇。杀掉刘虞之后,整个幽州地区成了公孙瓒的囊中之物,公孙瓒日益骄横,凡事睚眦必报更不知体恤百姓,公孙瓒已经丧失民心,统治集团内部土崩瓦解,矛盾重重,人心离散,却不自知。

小有成就的公孙瓒,开始贪图享乐,身边之人稍有不顺其心,便一一铲除,人称"州里善士,名在其右者,必以法害之",许多有志之士纷纷远离,徒留一些贪婪自私的阴险小人。这些人,一边说着公孙瓒爱听的甜言蜜语,一边上行下效,在外飞扬跋扈,横行霸道,为所欲为,公孙瓒毫不加以制止。

刘虞此人在幽州地区深得民心,其民族团结的政策广为推广，各民族相安无事，安居乐业。只是，这公孙瓒不仅是个好战分子，更是个民族歧视者，他一改民族团结的政策，对鲜卑、乌丸等民族实行敌视与压迫，引起众人不满。

公孙瓒种种，足以引起众怒，事情很快就来了，是该给公孙瓒一个教训的时候了。汉献帝兴平二年（公元195年），刘虞部下鲜于辅、齐周与鲜于银等人在幽州集结了部分兵马，准备为冤死的刘虞报仇。燕国的阎柔跟刘虞素有恩情，听闻有人起兵，便在鲜卑、乌桓、乌丸等少数民族地区招募兵马，连同汉人兵马，不下万人。阎柔任司马，率领部队与鲜于辅汇合，一同攻击公孙瓒。

公孙瓒轻哼一声，一群乌合之众，不足为惧，并没有把他们放在眼里，照旧吃喝玩乐，命渔阳太守邹丹迎战。只是，事情的进展超乎了公孙瓒的想象，太多人想取他的命了。

刘虞之子刘和正憋着一口气，为父报仇，此次攻打公孙瓒怎能缺少了他。袁绍跟公孙瓒正争得不亦乐乎，此次当然也要从中赚取一杯羹，袁绍令其手下名将麴义率军来支援，刘和与麴义兵力加起来有十余万。与此同时，乌桓峭王也领兵来助，其兵力有七千余骑，均是军中精锐。公孙瓒的统治如此不得民心，各地的老百姓纷纷起义，加入到联军队伍中来。

如此庞大的讨伐队伍，以邹丹一人之力，自是难以抵挡，邹丹大败。公孙瓒这下慌了，推开怀中美人，亲自披挂上阵，这公孙瓒倒是耐性挺大，只是结局却是屡战屡败。无计可施的公孙瓒，再也承受不住一次又一次的打击，率领残兵退居易京。

退守易京的公孙瓒精神恍惚，看身边之人，个个存在隐患，生怕自己成了第二个刘虞，便处处防备。他把易京修建得坚固无比，沿着易河挖了一层一层的战壕，竟有十层之厚，战壕之内便是城墙，城墙高有六七丈，铁制城门。如此防备，任谁也是无法随意进出的。

公孙瓒及其妻妾子女住在里面，内不设楼梯，用绳索进出，七岁以上男子不得入内，如此一来，城内便无甚男子进出，疏远了亲信，忽略了将领。公孙瓒距离霸业渐行渐远，失败的阴霾已经开始笼罩。更让人哭笑不得的是，城内若需传令，将用特别训练的"扬声器"。公孙瓒将数十名大嗓门妇女进行特别训练，以确保声音能够传到百米之外，以此来传达他的命令。

公孙瓒采取非常保守的防御措施，以求达到自保，但是在这乱世之中，若是一味追求这种世外桃源的安逸，将是黄粱一梦。要么上进，成功名；要么挨打，被淘汰。物竞天择，适者生存。公孙瓒躲不过这样的规则，他选择逃避，那么只有一个下场，那就是死亡。

汉献帝建安三年（公元198年），袁绍处于危机重重之中，为减缓压力，便想与公孙瓒讲和。袁绍派去的使者根本无法进入易京，无奈，将书信交予公孙瓒手下人便垂头丧气回去复命去了。

袁绍左等右等仍不见公孙瓒回复，开始明了，公孙瓒决计不肯议和。既已如此，那就殊死一搏好了。袁绍整顿军务，但自知势单力薄，以一己之力恐怕难以取胜，便动起了脑筋。袁绍本打算攻打许都，夺汉献帝，以"挟天子以令诸侯"。许都乃是曹操的大本营。此时曹操正与张绣酣战，打得不亦乐乎，听闻许都告急，便慌忙赶回。

袁绍的阴谋没有得逞，一计不成再生一计，袁绍改变了计划，将矛头指向了公孙瓒。但是兵力不足是个难题。袁绍厚着脸皮给曹操写了一封借兵信，向其借兵借粮草攻打公孙瓒，其言辞之傲慢，让曹操暴跳如雷，曹操准备改变原定计划，攻打袁绍。

曹操气急败坏之时的决定，得到了谋士郭嘉的反对，一番陈说，曹操冷静下来。但是袁绍之盛气凌人，在曹操的心中已经留下深刻的印记，曹操与袁绍之间的一场恶斗终究是会到来的。曹操自然不会借兵给袁绍，袁绍见外援不成，只能靠自己了，数量上不占优势，但是可以在质量上挽回败局。袁绍苦练士卒，准备在作战技巧上给公孙瓒一个出其不意。

这年正值仲夏，袁绍举兵攻打公孙瓒，当然，公孙瓒也不是全无防备，但他的防备似乎是起到了适得其反的效果。公孙瓒仍旧只求自保，将易京经营得无微不至，其余一概不管。现下，易京仍旧是公孙瓒的世外桃源。

袁绍以一种奇特的阵容出现，这下公孙瓒的将领震住了，如此阵容从未见过，该如何破解，在其百思不得其解的时刻，袁绍以迅雷不及掩耳之势，将其包围。公孙瓒的援兵迟迟未至，其实乃是公孙瓒不肯相救，烈日当头，公孙瓒在城中享乐，哪里肯出来半步。

公孙瓒自知理亏，便寻出一堆堆的理由，救一个人容易，但是，以后呢，众将士都不肯尽力，而是等着援兵相救，这是赤裸裸的纵容，绝对不容许这样的事情发生，此乃杀鸡给猴看，人人都要以此为戒。花言巧语种种，无非是为自己找理由。只是，这公孙瓒怎么就不懂得唇亡齿寒的道理？将领兵败，主公何以自保。仅仅依仗那自认为牢不可破的防御，公孙瓒就想留得青山在，这个想法确实太简单了。

袁绍一路走来，畅通无阻，无论部下如何请求，公孙瓒均不肯相救，袁绍心花怒放，没有想到会是如此容易攻至易京城下，公孙瓒开始乱了手脚，悔不当初。公孙瓒如同热锅上的蚂蚁，处处去求助，最后说动了黑山黄巾军张燕来救。张燕与袁绍的恩怨由来已久，此次前来，带领十万大军，兵分三路，只是天要亡公孙瓒，公孙瓒派出的使者公孙续被袁绍截获，原来，公孙瓒要以燃火为信号，准备与张燕内外夹击袁绍兵马。

袁绍将计就计，命人在十里之外燃起火把，公孙瓒大喜，打开城门，准备攻击，不想却是袁绍的兵马。公孙瓒大门一开，众多士卒逃逸，哪里肯为他效命。狼狈退回城内的公孙瓒，又做起了缩头乌龟，无论袁绍如何挑衅，就是不露头。袁绍掘地道而入城楼，将其城楼毁坏，公孙瓒再也无法嚣张，插翅难逃，便将自己的妻妾、儿女杀掉,然后点燃了一把火,整个城楼化为灰烬。

《三国志·公孙瓒传》评价"公孙瓒保京,坐待夷灭"。公孙瓒如此作为,落得如此下场,也算是因果报应,罪有应得。

裤腰带的另一种作用

吕布白门楼殒命,徐州重回曹操手中,刘备功不可没,本想重掌徐州,只是曹操不允。也罢,人在屋檐下,不得不低头,这二人虽表面上和和气气,多半只是表象而已,曹操对刘备仍是心存芥蒂,并未完全信任,当然不会把一城之统治权交给刘备。更让曹操放心不下的是,刘备在徐州颇得人心,有朝一日,难保不反。

曹操对于刘备,采取的策略则是:用之,防之。曹操对于用人有一套自己的标准,惜才、爱才是一个准则,但是前提是能够为己所用。曹操欣赏刘备,刘备作战讲究策略,又懂得用人,地方统治深得民心,但是同时刘备又是一个心怀大志之人,野心深藏不露,如同一匹野马令人难以驯服。曹操想将其纳入自己的圈子,死心塌地为自己卖命,是不容其生出二心的。所

蜀主劉備

劫乌巢孟德烧粮　金协中

以，曹操将刘备时时带在身边，在自己眼皮子底下，谅他刘备有再大能耐，也不敢有所作为。

刘备自然明白这其中种种，只是，这种不被信任的滋味，时刻被人监视的情境，让他倍感压抑。刘备叹息一声，当今天下，事事瞬息万变，难以预料，没有人可以成为终身依靠，唯有靠自己。这样想着，心中油然升起一个念头。前几日，因杀吕布有功，刘备跟随曹操入朝廷领赏，见到了汉献帝，两人相见甚欢，毕竟他们有着远房亲戚这层关系，按辈分来讲，刘备乃是皇叔。

言谈中，刘备看出汉献帝对曹操专擅皇权非常不满，似有将其铲除之心思，只是因曹操手握重兵，苦于不知如何下手。刘备的揣摩第二日便得到了印证，事实证明，确实如此。

刘备谢恩之后，便留在了许都。曹操给其安排了住处，第二日刘备吃过晚饭，闲来无事，便早早睡下，迷迷糊糊，忽闻下人来报，董承来访，刘备一惊，睡意全无，立即坐起，看来有什么重要的事情发生了。这董承乃是汉献帝的董贵人的父亲，国丈深夜亲临，非同小可，必是大事。刘备迅速更衣，出门迎接。

董承一袭黑衣，似是为防引人注目，刘备心里更加没有底了。二人先是寒暄一番，董承遂将事情来龙去脉一一道明，刘备心里七上八下，一时无语。此事刘备曾有过考虑，却万万没有想到能跟自己沾上关系这汉献帝终究是受不了曹操的处处牵制，要出手还击了。话说回来，曹操对汉献帝还有救命之恩，当时，以董卓为首的乱党，搅乱天下，朝廷人人自危，汉献帝成了光杆司令，无人理会，还是曹操在其贫困潦倒之时，拉了自己一把，现下吃喝享乐，无不齐全。离开了荆棘丛生的洛阳，摆脱了武人的枷锁，告别了贫困潦倒的生活，却又掉入曹操布置的陷阱之中。当初的感恩之情，现下已经变质，曹操"挟天子以令诸侯"成了人人皆知的事实，当初献帝眼中的忠臣，成了一个窃国者。正如周瑜所说"操虽托名汉相，其实汉贼也"。一个傀儡天子，纵使有鸿鹄之志，也无施展之机。

但是，树活一张皮，人活一张脸，汉献帝年龄一年比一年长，脸皮也越来越薄，随着自我意识的增强，眼看曹操飞扬跋扈，专擅朝政，脚踩在自己的头上去，是可忍孰不可忍，便萌生了铲除曹操的念头。

朝廷之中，对曹操不满的人大有人在，只是慑于曹操权威不敢轻举妄动。汉献帝的身边也笼络了一群反对曹操的实力派，国丈董承便是其一。曹操的魔掌已经伸向朝廷角角落落，若一再纵容，必成大祸，此时不动手，更待何时，一场针对曹操的阴谋悄然展开。

汉献帝建安四年（公元199年）年初，汉献帝向曹操宣战了，先是任命董承为车骑将军，剥夺了曹操部分权力，曹操的大度从来不在权力争夺上展现，怎容汉献帝如此，对汉献帝的牵制更是无孔不入了，这二人的冲突更深了，矛盾一触即发。

汉献帝亲写诏书，将其缝在衣带内，命董承带出宫，秘密集结反曹势力，欲将曹操谋杀。十九岁的汉献帝能有如此果断作为，让董承刮目相看，董承承诺不辱使命，便张罗起来此事。人多力量大，靠一己之力也难成如此大事，董承开始拉拢志同道合之人，将军王服、长水校尉种辑、和议郎吴硕，先后入团，这几个人可谓朝廷实力派，因看不惯曹操作为，很少与曹操接触，更谈不上什么交情。

依当前形势来看，依仗单纯的武力根本无法与曹操抗衡，必须要靠智慧投机取巧。秘密行刺，倒不失是一个不错的选择，若能够拉拢一个曹操身边的人，似乎可以起到事半功倍的效果。这四人将目标锁定在刘备身上，刘备身兼刘皇叔的称谓，在曹操手下又颇不得志，是个可拉拢的人选。董承是爽快之人，行事雷厉风行，刘备入许都第二日，董承便登门拜访。

刘备犹豫难决，事关重大，性命攸关，若是一时莽撞，弄不好就是脑袋搬家的事情。董承看刘备踟蹰不定，便将汉献帝的衣带诏拿出，给刘备看。刘备小心翼翼，手竟有些颤抖，战战兢兢拿起诏书，细细读来，诏书字字让人心痛，曹操欺君霸主，可谓恶贯满盈，小皇帝如履薄冰，忧心忡忡。读罢，刘备心情激动，久久不能平复，董承几次试探，一次比一次见到希望，看来此事有戏。

董承走了，刘备心绪难定，这浑水到底能否见底，刘备心里没有一个定数，屡屡入水，又将迈出的脚收回。董承几次秘密会议，都邀请刘备参加，刘备参与密谋，却未发表任何言论，他仍旧还在试探。

思绪收回，刘备在庭院里踱来踱去，感慨万千，这乱世不好混，混出个出头日更难，但是不混就只有等着被宰的份。既已如此，只能搏一搏了，是死是活就看造化了，刘备此刻在心里已经暗下决心。这时，曹操命人来请，邀其一同去喝酒。刘备心里一惊，真是怕谁来谁，不去，怕是更惹曹操生疑。刘备思绪快速转动着，只能兵来将挡，水来土掩了，想罢，便换身衣裳，跟去了。天空已经布满乌云，这雨说来就要来了。

曹操满面红光，看来今日心情不错，刘备心里的戒备放松下来。一番闲话家常，说着便来到了桌旁，两人坐下，刘备不经意看到了曹操锐利的眼光，刚刚放松的戒备又提上来，唯恐露出任何端倪，让曹操察觉出衣带诏之事。

曹操话锋一转，转到了喝酒上，原来曹操酿成梅子酒，又想起当年望梅止渴往事，便邀请刘备一同品尝，刘备心里的小鼓咚咚敲起来，事情真的会这么简单吗？以曹操之聪慧，未必如此吧。席间，曹刘二人共缅往事，倒也相谈甚欢，刘备心绪大开，一颗七上八下的心，终于回归原位。二人谈着谈着，话题到了天下大势、江湖英雄之上，曹操一番恭维，询问刘备当今天下谁可称为英雄。

这下，可把刘备难住了，曹操葫芦里卖的什么药。刘备确实走了不少地方，也算一个老江湖，但是对于这个问题还真是没有深入探究过。况且此刻面临的是曹操，他的心中必定是已经有了定数。

青梅煮酒论天下英雄，惊天霹雳划过英雄心中，在这一刻刘备与曹操这两位当世豪杰相互对视心中不免都有些涟漪，只不过这涟漪发生的原因不同。曹操此刻以一种胜利者的姿态希望能够像收服其他人一样让刘备也加入到自己的阵营当中。而刘备可谓是"心怀鬼胎"，生怕自己与董承之间的暗中交易被曹操发现。两位英雄都各自有着自己的小心思，这堪称是最有喜剧化效果的一次会面，此次会面之后，曹操和刘备再也不能够这样心平气和地在一个桌面上交谈了，直至他们最后走向人生的终点。

将谦虚进行到底

　　窗外,密密层层的浓云,像是要铺天盖地而来,空气中有一股潮湿的泥土气息。天渐渐黑下来,灯慢慢掌起,屋子里闷热起来。东南方向雷声已经隆隆咆哮而至,眼看大雨就要来临。风将窗纸吹得哗啦哗啦响,曹操起身,去关窗户,看到窗外那变幻莫测的浓云,忽来感慨,便指着似龙状的云说,你看这龙千变万化,这个时节正是它肆虐妄为的时候,天空如此广袤,可任其逍遥,这就跟当世之豪杰如出一辙,偌大一个中原大地,只要有能力,任凭拳脚施展。

　　刘备但听不语,心里直犯嘀咕,这话,曹操说的不会没有来头,难道他是自比天上这龙?如此想来,刘备不禁为自己捏了把汗,曹操野心之大,路人皆知。

　　刘备心猿意马,不禁想起在许田打猎的事情来,当时曹操以天子所用御箭射麋鹿，这本就犯了欺君大罪，更让人气愤的是，群臣看到麋鹿上的箭，以为是天子所射，便齐呼万岁，向汉献帝贺喜，熟料，曹操骑马挡在献帝之前，接受了群臣的祝贺。此举，让百官看清了曹操的狼子野心，个个义愤填膺。在侧的关云长气愤不过，便想上前痛斥，幸得刘备拉住，才免于遭曹操毒手。

一声雷鸣，将刘备的思绪拉回，曹操仍沉浸在他的"龙挂"说中。片刻，曹操关上窗，重新坐回座位，紧盯刘备，刘备被看得有些头皮发麻，曹操倒是从容不迫，由"龙挂"谈论起当世之英雄来。

曹操一番恭维，询问刘备当今之英雄所谓何人。刘备突然明白，这才是曹操的真正目的，曹操心中自有定数，既已如此，何不糊涂到底，让其说下去。刘备将谦虚进行到底，说自己肉眼凡胎，不能慧眼识人，更不知当今谁可称之为英雄。

曹操怎肯满意，再三请求，说是请求，其咄咄逼人的气势是要刘备非得说出个所以然来。刘备看躲不过，便将凡是有些实力的人物列举了一遍。刘备说出袁绍、袁术、刘表、孙策，曹操均微笑着摇头。刘备一怔，难不成半道杀出了黑马，一时还真想不出来，刘备绞尽脑汁，却是黔驴技穷，纵观天下，还有谁势力能在他们之上。

刘备转脸望向曹操，看到曹操满是期待的眼神，将脑海中出现的能够称雄一方的人物都说了一遍，算是敷衍了，刘璋、张绣、张鲁、韩遂等人从刘备口中说出。曹操抿了一口酒，满是不屑地说，这些人不过是一群碌碌无为的小人物罢了，不值得一提。对于得到曹操赞同，刘备也没有抱多大希望，看列举出的一个个人名都被曹操一一否决，刘备对曹操心中所想，根本摸不到边际，只等曹操来揭晓。

曹操为刘备斟上酒，徐徐道来，"夫英雄者，胸怀大志，腹有良谋，有包藏宇宙之机，吞吐天地之志也"。刘备点头，曹操所说极是。再观刚刚所列举之人，虽一时得志，却无守业与再创业之雄心。

曹操自诩英雄，与世人送给他的"奸雄"称谓有些出入，但是他对于英雄的见解，可谓相当深刻。人人都想成为英雄，时势造英雄，乱世更出英雄，可是一个英雄，就要站在制高点去审时度势，若是为蝇头小利就举步不前，是配不上英雄的称谓的。

刘备不禁对曹操之英雄观佩服得五体投地，正想对其恭维几句，却不料曹操站了起来，神秘莫测一般，用手拍了一下刘备的肩膀，然后又指了指自己，幽幽地说"今天下英雄，唯使君与操耳"。刘备一听，心一下子提到了嗓子眼上，竟不知如何应答，手一颤抖，筷子掉在了地上。窗外，一声巨雷响起，刘备机警，借着害怕雷声将自己心中的恐惧隐藏。后有人对刘备应变能力之强作诗称赞：

勉力虎穴暂趋身，说破英雄惊杀人。巧借闻雷来掩饰，随机应变信如神。

表面的镇定掩盖着刘备内心的恐慌,这顿饭刘备食不知味,曹操之后所说,刘备多以敷衍作答,那句"今天下英雄,唯使君与操耳"的话,久久在脑海中盘旋。曹操何等狡诈,这话定是有所指,难道曹操已容不得自己?

这样想着,刘备在失眠中度过几日。曹操有"吞吐天地之志",这是其篡权野心的自我流露。曹操将刘备也看作英雄,就意味着刘备有"包藏宇宙之机",暂且不论刘备是否如此,总而言之,曹操已经将刘备视为潜在的头号敌人。

刘备每每想及此,越发恐惧,夜夜梦到曹操那充满恨意的眼光。如此如履薄冰地过日子,刘备已经难以承受。董承隔三差五来拜访一次,无外乎是谋刺曹操事宜。刘备的生活中,处处充斥着曹操的身影,他无数次地呐喊,移开你的影子,可是仍旧无济于事,曹操依然时时刻刻如影相随。

谋刺曹操的事情,仍在暗中紧锣密鼓准备着,刘备在曹操的阴影中终究是支持不住了,加入了这一阵营,但是他也知道,铲除曹操不是一日两日能够实现的,这里面有太多的不确定因素,一旦失败,生死未卜。所以,刘备对谋刺这个事情并不怎么热衷。

这日,徐州来了军报,原来,袁术走向穷途末路,无安身之地,便想要找棵大树好乘凉,看中了北方的袁绍,这二人一来一往,成功达成协议。只是,袁术率军去袁绍处,徐州乃是必经之地。

袁绍与袁术一旦联合起来，对曹操有害无利，曹操对此事比较看中，想尽办法从中阻挠破坏。刘备毛遂自荐，主动请缨去拦截这二人会师。刘备如此积极，曹操很是欣赏，满口答应。刘备接到命令，率领五千士卒，连夜出发。在许都他一日也待不下去，又唯恐曹操临时变卦，便迫不及待地上路了。董承前来送别，看着董承满是期待的眼神，刘备无言以对，一句安慰的话也说不出。刘备心中满是歉意，但是保命是第一位的，刘备是打定主意不再回许都了。

刘备决绝地上路了，此次曹操放虎归山，为自己留下了后患，这都是后话了。曹操自然知道刘备是不会再回来了，以刘备所带兵力，此次阻拦二袁，必定会使刘备实力轻者大伤元气，重者损失殆尽，如此一来，刘备就算侥幸生还，也成了光杆司令，根本无法与自己对抗。曹操是智者千虑，必有一失，他看轻了刘备的能力，这让他后悔莫及。

第二日，曹操醒来，猛然醒悟，自己一时冲动，做了一个让自己遗憾终生的决定。曹操手下程昱和郭嘉听闻刘备已走，立即派了百余骑人马去追，只可惜，刘备是以逃命的速度前行，根本无法企及，追兵无功而返。

曹操在刘备功不成名不就之时，舍天下得势之人而断言，刘备乃是英雄人物，可谓慧眼识人。出于对英雄的惺惺相惜，曹操收留刘备，又出于对英雄的嫉贤妒能，曹操防备刘备。

刘备曾自诩在曹操手下，如同进入了一个笼子中，处处受限，不得自由。此次曹操放虎归山，刘备得以重获自由，以其屡败屡战，不屈不挠的顽强精神，去实现他的远大志向。

对曹操来说，这固然错失了一个将刘备控制住的大好良机，这样做无异于放虎归山。但是，如若刘备真正留在了汉献帝身边，恐怕才是曹操最大的威胁。试想，汉献帝本来就被曹操束缚在深宫之中没有任何的自由可言，更不可能有自己信任和亲信的大臣能够帮助自己，如果将刘备也同样放在许都，以刘备的志向和胆略再加上他自身的皇族身份，则有极大的可能成为汉献帝的股肱之臣，到时候曹操再想除掉刘备就变得异常艰难。而刘备的出逃正好给了曹操机会可以给刘备安上一个反叛朝廷的罪名而兴兵讨伐。到时候，刘备合法的皇族身份就不能够再保护自己了，所以从某种意义上来说，让刘备逃出许都也许对曹操来说还是一件值得庆幸的好事。

刘备出逃以后，在徐州安定下来，势力日益坐大，成为一支可与曹操相抗衡的实力派。

徐州我来了

物竞天择，适者生存，优胜劣汰的潜规则亘古不变，在这乱世之中，弱肉强食，人人自危，人人自保，今日穷困潦倒，明日就可能成为暴发户，今日高高在上，明日就可能被人踩在脚底下，反之亦然。这世上的事情历来如此，小跌小撞的有之，大起大落更不乏。

有人蒸蒸日上，有人走滑坡，真可谓几家欢喜几家愁。袁术打定了投奔袁绍的主意，便整装待发，过徐州与之会合。曹操正为铲除吕布而沾沾自喜时，袁绍破公孙瓒而强上更强，如虎在侧的威胁让曹操寝食难安。被困于许都的刘备整日活在曹操的阴影中，如履薄冰，战战兢兢。袁绍如日中天，小儿子却一病不起，成了袁绍心头之痛。生活如此多姿，烦恼如此多彩，真是人生不如意之事十之八九。

袁术于汉献帝建安二年（公元197年）在寿春称帝，这使其成为众矢之的，天下群豪群起而攻之，再加上生活奢靡，天灾人祸并起，在南阳终究是过不下去了，便萌生了投奔袁绍的想法，二人毕竟是同父异母的亲兄弟。

袁术率军到达青州，多方来报，徐州已经被刘备给堵得严严实实，根本无法通过。袁术大骂一声，真是屋漏偏逢连夜雨，袁术一向不把刘备看在眼里，不过一个乡巴佬而已，能成什么大气候，刘备这时却俨然一个拦路虎的姿态，真是虎落平阳被犬欺，袁术怎能不气。徐州乃是北上必经之地，袁术兵力又不足以与刘备抗衡，无奈，只能返回，率军往大本营寿春走去。

刘备不战而屈人之兵，斩断袁术去路，终于松了一口气，在徐州安顿下来。多日奔波，终于摆脱了曹操的控制。但是，此时反曹操，似乎还不是时机。徐州刺史车胄是曹操的忠实爪牙，随军的朱灵还握着军队的指挥权，这二人必须想办法除去。他命令朱灵回许都复命曹操，并请示下一步的计划。刘备此举并非是还要继续听从曹操旨意，只是将朱灵支开的计谋而已。

朱灵自然明白，他这一走，必定要交出指挥权。曹操以朱灵为监军，就是怕刘备有反叛之心，此刻若是将指挥权交出，乃是失职作为。朱灵心中隐隐觉得很是不妥，但是《孙子兵法》又讲，将在外军令有所不受。朱灵的迟疑转瞬即逝，便启程回许都复命去了。

朱灵解决，刘备掌握了军队，小具实力，胜利的曙光近了。

与曹操摊牌的时候到了，刘备这样想着，将下一个目标定在徐州刺史车胄身上，总要找个借口将其除掉。车胄对刘备甚有敌意，刘备入徐州，车胄并未出城迎接，这在礼数上就是不周。大军出征，刘备并未带过多粮草，此刻粮草已消耗殆尽，刘备便命令车胄供应粮草，左等右等仍不见车胄回复。这边车胄接到刘备的命令哪里放在心上，正紧锣密鼓张罗谋杀刘备事宜。

原来，朱灵回去以后，曹操就知刘备要造反了，便给车胄发了一份密报，让他杀刘备。但是此时刘备正意气风发，况且身边还有张飞、关羽两人把关，哪里是好对付的。恰逢足智多谋的陈登在，车胄便跟陈登商量。这回车胄真是找错了人，陈登跟刘备交情匪浅，口头上为车胄出了策略，出了车胄家门，便一溜烟跑到刘备处，准备将此事告诉他。

不巧，刘备出去招募人马去了，关羽、张飞两兄弟在，陈登便将此事告诉了他们二人。张飞脾气急躁，听闻车胄要杀刘备，提刀就狂奔出去，誓砍车胄首级，幸得被关羽拉住，一番安抚，张飞才算平静下来。是夜，伸手不见五指，刘备、关羽率领一小队士卒，假扮成是曹操兵马，密报车胄城外会合。车胄虽半信半疑，却也不敢怠慢，准时赴约。车胄走近一看竟是刘备，心知凶多吉少，心脏开始咚咚直响，表面上却不动声色。

车胄上前问好，一番马屁拍下了，看刘备仍怒色于面，心里更是凉了一截。关羽上前一步，一脚将车胄踢得跪倒在地。刘备转过身，面向车胄，以充满威严的声音把车胄一番训斥，问他粮草之事。车胄心里的石头放了下来，一番解释，不卑不亢，一切都以曹操为挡箭牌，总归一句话，徐州粮草，没有曹操发话，那是万万动不得的。这话，刚刚说出口，车胄顿感脖子上一凉，关羽的大刀已经架在脖子上，再看自己的人马，哪里还有踪影，均被屏退了。车胄知道，命不久矣，也不作挣扎，被关羽砍下了首级。

将这两个人物扳倒，就剩下一些乌合之众，这些碌碌之辈不足为惧。随后，刘备下了一道公文，在职官员，只需安心办公，相安无事。刘备在徐州本来就颇得人心，此次能够重掌徐州也算是众望所归。徐州各郡县纷纷来访，表示愿意臣服，刘备力保他们利益无损，顺利接班。

徐州事宜，没有再生枝节，进展顺利。自家的事情办好了，也就没了后顾之忧，刘备知道该来的总是会来，曹操现下肯定恨得牙痒痒，必定不会让其有好日子过，是时候做好防御了。刘备命关羽为徐州太守，留守下邳，自己则率领士卒驻守小沛，小沛是徐州门户，曹操进攻首当其冲之地，万不可失。

曹操听闻关羽杀车胄，刘备据徐州，大叹一声："夫刘备，人杰也，今不击，必为后患。"这徐州乃是曹操从吕布手中夺得，转眼之间，又入刘备囊中，真是养虎为患，曹操悔不当初，本该早早将刘备除去，今放虎归山，为自己惹来了大麻烦。更令曹操气愤的是，曹操如此欣赏刘备，刘备却以怨报德，真是白白糟蹋了曹操的一番苦心。曹操越想越气愤，这刘备乃是眼中钉，肉中刺，非除之而后快。

刘备刚刚占据徐州，毕竟实力不足，他日日出去招募兵马，收效甚微，为今之计，就是做好坚固的防御工作。袁绍正虎视眈眈，汉献帝怒气冲冲，直嚷嚷着要亲掌朝政，曹操不敢离开许都亲征刘备，便派了司空长史刘岱、中郎将王忠率领五万精兵去征讨。

这刘岱无甚名气，王忠倒是以爱吃人肉而"声名远扬"，刘备听闻是他们二人松了一口气，这二人素来清高，领兵打仗常犯轻敌之失。刘备的眼光很准，这二人在小沛之战中，不堪一击，狼狈而返。

刘岱、王忠资质平庸，多年未得升迁，能得此立功机会，当然都想一马当先，夺个头彩。这二人，在官职上是平级，但是领兵打仗，总要有人打先锋，有人断后，谁打先锋，谁断后，这是个问题，两人针对这个问题吵得面红耳赤，最后决定兵分两路，各带一半人马，同时进攻刘备。

这二人各领一支兵马，均在距离小沛三十里外扎营，谁知水源俱被刘备毁坏，兵马饮水成了一个问题。这天夜里，正当刘岱、王忠为寻找水源伤透脑筋时，均收到了对方的求救信，营寨被围困，要其前去营救，当然，这是刘备的小把戏，二人皆不知情。毫不迟疑，二人皆往对方营寨方向奔去，不料却迎面相撞，二人面面相觑，然后恍然大悟，骗局，这是刘备的骗局。二人调转方向，飞奔回去，却发现粮草尽失。

没有了粮草，这仗还怎么打？刘岱、王忠二人傻了，只是坐着干瞪眼，仗不能打，回去无法复命，横竖都是一死，唉声叹气，叹气唉声，二人就这么耗着。这日，刘备命人传唤刘岱、王忠，二人对视一眼，横竖一死，还有什么可怕的，去！见了刘备，这二人倒还是算有骨气，高昂着头颅，一副盛气凌人的样子。刘备心平气和，一番说辞，无一个脏字，却句句是羞辱，临了，还给了他们二十车粮草，并说了句"使汝百人来，其无如我何；曹公自来，未可知耳"。

刘岱、王忠高傲的头颅再也神气不起来了，灰溜溜地回到军营，却看那粮草，这不正是他们自己的粮草。二人虽气，却也无可奈何，垂头丧气地回去复命去了。

孙策据江东

汉献帝建安四年（公元199年）冬，江南江北雪漫漫，袁术在贫困潦倒中抑郁而终。袁术的部下长史杨弘、大将军陆勉与孙策交好，又见孙策风华正茂，意气风发，是个成大事的少年英雄，便率领士卒前去投奔。不料，庐江太守刘勋早就盯上了袁术这块肥肉，将他们二人截获，士卒全体被俘获，刘勋将兵马全部据为己有。

曹操虎视眈眈，袁术亲属浩浩荡荡，在寿春哪里敢待下去，便抬着袁术的棺木，野鬼游魂一般处处打游击。眼见刘勋收编了袁术部属，便去投奔他了。刘勋全盘接收，当然，他看中的不是袁术家属，乃是袁术基业。

这袁术晚年贫困潦倒，士卒兵马无粮可供，自己尤忍受饥饿，实在是支撑不下去，混到要去投奔袁绍的地步了，他能有什么基业。按理说本该如此，事实却大出世人意料。刘勋带领人马，直奔寿春，左搜右刮，竟然找出了一批金银珠宝，其数量之可观，让刘勋这个嗜财如命的太守叹为观止。这袁术真是舍命不舍财，就连刘勋也不禁感叹，自己真是小巫见大巫，这袁术跟自己相比真是有过之而无不及，难不成是怕自己到了黄泉路上无法逍遥快活？刘勋摇头傻笑，这些无关紧要，这些金银珠宝进了自己的口袋，这个最重要。这样想着，刘勋美不胜收，却不料，一场灾难正慢慢向他袭来。

孙策早就眼巴巴等着袁术一命呜呼，好渔翁得利，却不料这刘勋近水楼台先得月，白白捡了个便宜，还把投奔而来的杨弘、陆勉截获，眼看煮熟的鸭子飞了，孙策能不气吗？孙策跟刘勋的仇怨算是结下了。不过尽管咽不下这口窝囊气，孙策却也不敢轻举妄动，毕竟刘勋实力大增，不是孙策能企及的。孙策找周瑜商量，如何能惩治一下这个刘勋，最后，他们定出一个声东击西的计谋。这一招声东击西，让刘勋血本无归。

刘勋此人志大才疏，嗜财如命，是个见钱眼开的人物。孙策抓住他这样一个弱点，开始了不间断地糖衣炮弹的轰炸。孙策先是派人带着大批奇珍异宝与自己的亲笔书信去拜见刘勋。使者一番甜言蜜语，归结起来不过是，上缭富可敌国，刘繇余部万人可收编。先将好处亮出，吊起刘勋胃口，接着提出自己要求。上缭曾多次派兵骚扰江东，请求刘勋派兵征讨。若能如此，孙策便会倾全力相助。

刘勋早就听说上缭殷实富裕，想据为己有之心昭然若揭，以前苦于实力不足，未能征服，现下实力大增，当然愿意出兵。刘勋当即表示愿意出兵，听完使者回报，孙策暗中一笑，事情正朝着他计划的方向进展着，成功指日可待。

刘勋利欲熏心，帐中却有人保持着头脑清醒，他的手下刘晔进言道，上缭地方虽小，防御工作却做得相当完备，易守难攻，非一日两日就能够攻下的，大军一走，庐江空虚，怕是有心之徒趁机而入，还需三思。利益在前，刘勋哪里听得进去谏言，一向刚愎自用的他仍然坚持己见，如期出兵。刘勋此次带着志在必得的决心，举全郡之精兵而攻之，城中只剩下老弱残兵，根本无抵挡之力。孙策以小股兵力助之，仅仅是做个样子罢了。刘晔大呼，庐江命不久矣。刘勋前脚刚走，孙策便整装待发，正当刘勋酣战之时，孙策一声令下，千余轻骑如弦上之箭，向庐江飞奔而去。孙策满载而归，刘勋余部均归附，城中金银珠宝，粮草贮存，妻妾美人均被俘获。孙策不损一兵一卒，占领庐江，任命李术为庐江太守，分兵三千，把守此地。

刘勋入上缭，却发现上缭已经成为一座空城，一无所获，正愤怒之时，听闻庐江已被孙策所占，刘勋气急败坏，夜里行军，马不停蹄地往回赶。刘勋所率军队人疲马倦，士气下降，战斗力明显减弱。孙策哪里给他缓冲的机会，立即派出将领孙贲、孙辅二人率军拦截，给刘勋以致命一击。刘勋被打了个措手不及，狼狈而逃，去投奔曹操去了。孙策收编了刘勋残兵，入流沂。黄祖见孙策意气风发,霸气十足,心痒难耐,许是羡慕嫉妒恨作怪,便率领水军进攻孙策。

仇人见面分外眼红,黄祖部下射杀孙坚,黄祖与孙家结下了不共戴天之仇。孙策见黄祖,恨不得"食汝肉,寝汝皮",心中仇恨的种子被灌溉了,一发而不可收拾,誓要手刃仇敌。有如此动力,孙策作起战来威猛无比,黄祖节节败退,刘表派五千精兵前来支援。

孙策手下将领齐上阵,周瑜、吕蒙、黄盖个个是带兵的好手,分兵多路,齐头并进,团团将黄祖围住,其惊心动魄之场面,无以用语言来形容。黄祖已无反击之力,险些全军覆没。孙策大获全胜,缴获的物资不胜枚举。不过让孙策倍感遗憾的是,黄祖侥幸逃脱。随后,孙策入豫章,豫章太守乃是名声大盛的华歆,孙策亲见华歆,力陈利害,华歆倒是识时务,无条件归附。至此,孙策已经将江东纳入自己旗下,如此气魄,让人佩服,曾有人评价孙策"有吕布之所长,而无其所短,谋略与仁义集于一身"。

孙策以迅雷不及掩耳之势,战群豪,据江东,成为后起之秀,跟他的人格魅力不无关系。孙策为人开朗,性情豁达,在用人上也颇有主见,士民多愿意为之效命,《三国志》记载,"是以士民见者,莫不尽心,乐为致死"。孙策自幼跟随父亲亲征,孙坚去世,便担起镇江东大业。作战有勇有谋,身先士卒,更懂得治军。孙策治军非常讲究策略,纪律严明是一贯准则,曾多次重申，抗敌攻城，不得损害百姓一牲一畜，一田一木，违者以军令处置。孙策作战勇猛，威名远扬，百姓曾经非常害怕他，不敢与之亲近，但其严明的治军，让其与百姓打成一片，后深得百姓爱戴。孙策平定江东，引起了曹操的充分重视。此时的孙策仅仅是还未奔三的毛头小伙子，曹操长叹一口气，无不感慨地说，"猘儿难与争锋也！"

曹操对孙氏父子历来采取宽松的政策，甚至有时候还可称之为纵容。当然，在这里面曹操是有利益可图的。刘表一直是曹操的一块心病，以孙氏父子来牵制刘表是曹操的一个策略，所以曹操远观孙策，任其坐大，却无采取行动进行干预。只是，曹操的意图并未行太远，就因孙策的英年早逝而失败了。

孙策为孙家在江东地区的发展做出了不可磨灭的贡献，最重要的就是在上文中所提到的对于民心问题的掌握。曹操马踏青苗的故事只能够显示出曹操对于军人的掌握，即曹操在领导方面的才能。而孙策在民心上面的把握则是体现了孙策的政治才能，如果没有良好的民间基础，孙家作为一个外来的军阀家族是不可能在江东地区立足的。这点与曹操在占领徐州之后对当地的百姓实行报复性杀戮的做法是不同的。

文艺青年的命运

黄祖才非长者俦,祢衡珠碎此江头。
今来鹦鹉洲边过,唯有无情碧水流。

此诗为当世人纪念祢衡而作,祢衡被黄祖所杀,死后被葬于洲上,因其曾作《鹦鹉赋》,时人将此洲命为鹦鹉洲。通观全诗,诗中流露着无限的感慨与惋惜。

祢衡是东汉末年人,字正平,今山东临邑人。祢衡自幼聪颖,有过目不忘之能,口才极好,擅长辩论,成为乡里神童。长大之后,祢衡才气更是一览无余,常以文章声名远扬,更以辞赋言志,成为远近闻名的人物。

祢衡的名作《鹦鹉赋》,是一篇托物言志的作品,乃是东汉末年诗赋中的顶尖之作。他以华丽的辞藻,将笼中鹦鹉描述成一个充满智慧，才华充盈的形象，以此自比。后笔锋一转，言祢衡之遭遇不幸，被关在笼中，不得自由，"闭以雕笼，剪其翅羽"，写出自己生不逢时，在乱世之中，无法将才华展尽的悲愤与绝望。《鹦鹉赋》一出，便赚得了众多的目光，当时不得志之士人更言说此赋说出了他们的心声，祢衡名声更噪。

祢衡仗着才华横溢，碌碌之辈根本不入他法眼，性格中傲慢、怪诞的一面日益显露，凭着无人能驳的口才，肆无忌惮地盛气凌人，动辄就将人骂得狗血淋头，而最令他看不惯的，就是那些权贵人物。如此尖酸刻薄的个性，让祢衡得罪了不少人，为他的杀身之祸埋下了伏笔，使得他落得"诞傲致殒"的下场，让人惋惜，却也不足为怪。

学能所用，是每个士人的心愿，才子祢衡纵使如何与众不同，也免不了这样的俗套。祢衡踌躇满志，告别亲人与家乡，载着满腹经纶，来到许都，寻求发展，想要在此谋个一官半职。毕竟这里是汉室都城，名流云集，人文荟萃，发展的机会多一些。这是祢衡命运的转折点，是他厄运的开始，他的悲剧在其踏入许都的那刻起就已注定。

祢衡这个乡下来的沾些名气的小人物，来到这人才济济的都城，没有初来乍到的羞涩与隐忍，仍旧将高傲进行到底，一如既往地高昂着头颅。人一旦不能低头看脚下，就有两种结果，要么飘飘欲仙，分不清东西南北，要么被不起眼的绊脚石绊倒。自视清高的祢衡就这么飘飘欲仙了一阵子，却猛不然摔了个四脚朝天，一命呜呼了。所以，这人还是不能飘的，最安稳的就是脚踏实地走好脚下的路，一步一个脚印，就算遭遇个小跌小撞，也不至于命丧黄泉。

祢衡来到许都，有些名声的他，很快就找到了落脚之地。当夜，祢衡洋洋洒洒将一封自荐信写好，东方已经露出鱼肚白，祢衡心情澎湃，哪里有困意，将自荐信再次仔仔细细通读一遍，祢衡越发满意，仿佛美好的明天就在眼前。

祢衡走至窗前，窗外月光皎洁，繁星早就隐退，祢衡突然意识到一个问题，观天下，谁能值得自己效劳？祢衡将天下名士一一细数，均摇头叹息，个个都是碌碌之才，怎可与他们同流合污，祢衡陷入无尽的思考与忧郁之中。

据《后汉书·祢衡传》记载，祢衡是一个非常有气节的人，但因为他那不惹人喜爱的个性，却让他无交心之人。祢衡就这么骄傲地孤独着，其清高的个性，让普通人不敢接近，而他对那些当权者又不屑一顾，所以他终日游荡，只得以文章来打发时间。就这样，祢衡入许都已有半旬之久，仍没有找到可事之主。这日，当世名人孔融来访，起初祢衡并未以礼遇相待，一席话下来，二人倒是气味相投，一见倾心，相知恨晚，乃因孔融也是有才学之人，祢衡终于找到一个志同道合之人，二人多次相交，竟成为莫逆之交。后来，在孔融的引荐下，祢衡还结交了杨修，这真是难得，难得祢衡有看得上眼的人。

随着孔融、祢衡二人相交的加深，彼此从各自身上看到了相似处，如胶似漆得让人羡慕，祢衡称孔融是"仲尼复生"，孔融也不甘落后，将祢衡比作"颜回不死"，这样的吹捧似有拍马屁的嫌疑，却是两人的相互欣赏的印证。孔融看祢衡心有大志，却整日闲逛，作为朋友，一心想给祢衡找份能看得上眼的差事。恰逢，张绣归降了曹操后，曹操正为攻打袁绍做准备，曹操便想将刘表纳入自己旗下，好免去攻袁的后顾之忧。但是，刘表也算是一方小霸，怎肯轻易屈服，曹操一时无计。

张绣谋士贾诩进言，刘表爱结纳名士，不如找个名气大的人去劝降，成功的可能性大一些。曹操点头，便问荀攸，当世之人，谁可谓名士。荀攸推荐孔融，曹操便亲自接见了孔融。孔融见了曹操，听完曹操所说，头脑中顿时冒出了祢衡的面孔，这倒不失是一个引荐祢衡的好时机，孔融这样想着，便将祢衡推荐给曹操，曹操素闻祢衡大名，知其能言善辩，倒是蛮适合去劝说，便命人去请祢衡前来议事。

曹操低估了祢衡的狂傲脾气，使者垂头丧气地无功而返，脸摆得极臭，似被唾沫星子刚刚狂喷过一般，曹操知祢衡狂傲，便猜测是祢衡出言不逊，将其臭骂了一顿。果不其然，祢衡称病不来不说，还将曹操骂得狗血淋头，让人不堪入耳。使者哪里敢说出口，在曹操的再三逼迫下，吞吞吐吐将祢衡骂词说出。

曹操怒了，从来没有人如此胆大妄为，祢衡句句带刺，字字见血，什么"荀彧可使吊丧问疾""荀攸可使看坟守墓""郭嘉可使白词念赋""许褚可使牧牛放马""吕虔可使磨刀铸剑""夏侯惇称为完体将军""曹子孝呼为要钱太守",如此等等,祢衡将曹操手下之人个个骂了个遍,明明是在质疑曹操的用人能力。

撇开曹操奸雄的形象,看曹操包揽人才,笼络人心,可以说,不愧是一个用人上的专家。正因为他的招贤纳士,他的身边才会人才济济,聚拢了一大批的贤人良将,荀彧、荀攸、郭嘉、吕虔等等,皆当世名士,更有反对曹操者,被曹操不计前嫌,欣然收纳。曹操可谓慧眼识人,对这些人十分重视。

现下,突然冒出一个祢衡,将手下之人一个一个全盘否定,纵使曹操看中他的才名,如何惜才,也难容他。当然个人恩怨是小,曹操能够将张绣这样的杀子仇人留在身边,足见他的宽宏大量。曹操所想乃有更甚层次的原因,祢衡如此狂傲,将手下人个个得罪,营帐之中必定难容他,因他一个人,而失去人心,可谓得不偿失。只是,如何处置祢衡是好,曹操一时无措。这日曹府会宾客,曹操知祢衡擅长击鼓,便邀其击鼓,结果,祢衡当众裸体击鼓,又将在座众人羞辱一番,曹操大怒,士可杀不可辱。不过终究是爱才之人,曹操又不愿意背负杀名人的罪名,知刘表喜好结交名士,便将祢衡遣送到刘表处,

刘表初得祢衡,喜上眉梢,祢衡也倒是为他办了几件颇得赞美的事情,只是,江山易改,本性难移,祢衡以其无人可敌的骂功,将刘表身边的人统统得罪了,刘表也未能幸免于难。刘表本就不是心胸宽阔之人,当然也不愿意背负恶名,便想到

了借刀杀人之招，将祢衡送给了江夏太守黄祖。

刘表知黄祖志大才疏，性情暴躁，祢衡去了，肯定没有好果子吃，叹息一声，不禁为祢衡惋惜。祢衡三番两次被遣送，自然心中有些不爽，但是，人在屋檐下，不得不低头，祢衡初来黄祖处，也倒安分，狂傲的脾气稍有收敛，工作也尽职尽责，出色完成任务，甚得黄祖欣赏。一日，这二人喝酒，兴致颇高，几杯酒下肚，都有几分醉意，开始畅所欲言，黄祖问祢衡在许都有何挚交，祢衡如实相告"大儿孔文举，小儿杨德祖。除此二人，别无人物"，也就是孔融与杨修。黄祖虽一介武人，也想跟这些人掺一脚，便问："似我何如？"祢衡酒意正浓，已无理智，便将心中所想，据实以报，"汝似庙中之神，虽受祭祀，恨无灵验！"可以想象黄祖听到这话时的愤怒表情。

祢衡醉酒中，就被黄祖拿掉了脑袋，给人留下的只有无尽的惋惜。刘表听说祢衡被斩以后，默不作声，是他间接害死了祢衡。曹操倒是平静，只说了句："腐儒舌剑，反自杀矣！"便无再言。

国丈的秘密

权力如此诱人心,让人飞蛾扑火而求之。

少年天子汉献帝,年方二十,曹操将其接来许都以后,吃喝享乐样样顺心,但是,荣华富贵若是成了习惯,那也变得无趣。眼见曹操势力逐渐膨胀,已经成长为事实上的一国之主,此时的东汉王朝已经形同虚设,汉献帝更是一个无实权的光杆司令。这日,汉献帝从美人堆里醒来,却发现身边布满曹操密探,处处被监视、被牵制,原来已经久在囚笼里了。曹操取而代之心,天日昭昭,只是时间早晚的问题罢了。

这位东汉的末代天子,日益表现出天子的威严,但看东汉王朝成了曹家的天下,再不有所行动,就要改朝换代了。汉献帝人小胆大,谋求自强的决心悄然立下,再看那曹操,更带着仇恨的眼光,一次一次的表现也让曹操受到了威胁。这日,曹操走上大殿，殿下群臣俱在，议事完毕，汉献帝突然冒出一句雷倒众人的话，这话是对着曹操说的："君若能相辅，则厚；不尔，幸垂恩相舍。"群臣均一怔，没有料到汉献帝能出此言，曹操却已大惊失色，冷汗冒出，片刻，汗流浃背，良久无语。

众人都已退去，汉献帝也已离开，曹操仍旧屹立殿上，久久不能平复内心的波涛汹涌。朝堂之上哪一个不是他曹操的人，他当然不是在害怕，他只是惊讶于汉献帝能出此言，那温顺的小猫猛然之间成了小老虎，正张牙舞爪向其示威。

曹操将汉献帝从荆棘丛生的洛阳营救出来，抱着"挟天子以令诸侯"的打算，让汉献帝荣华享尽，原以为天子清心寡欲，对权力之事并无兴致，却不料，权力真是个稀罕东西。只是，傀儡天子想要摆脱玩偶命运，掌汉朝大权似乎没有那么容易。

身在龙潭虎穴，汉献帝本身就已经身陷困境，一举一动俱在曹操掌控之中，根本就无法伸展拳脚，连曹操的一根汗毛都无法动。当此之时，曹操的身边已经聚集了一批反曹派，以伏皇后的父亲伏完为首，但是汉献帝的这个岳父没有实权，汉献帝就将铲除曹操的重任交给董贵人的父亲董承。

董承本是董卓部下，董卓兵败，董承无处可归，幸得上天相助，董承的女儿成了汉献帝的妃子。董承起死回生，顶着国丈的身份，到了汉献帝的身边，在汉献帝入许都时一直伴随左右，也算尽心尽力。汉献帝几经磨难，身边又无可说知心话的人，便将董承视为自己人，凭着这层关系，董承捞了个卫将军的职务。这夜，汉献帝久久不能入睡，好说歹说，终于将身边的宫女、太监、侍卫都打发干净了，秘密行动就在今晚开始，保密工作要做到万无一失。如此想着，汉献帝再次将四周扫视一遍，确保无人，便坐在案几前，写下那份血诏，回顾种种，汉献帝越发坚定了诛杀曹操的信念。曹操实在欺人太甚，汉献帝因愤然而不禁失声。汉献帝将写好的诏书缝入衣带内，狡猾如曹操，为逃脱他的法眼，唯有此法。真是魔高一尺道高一丈，汉献帝能想出此法，必定是经过深思熟虑，可见铲除曹操决心之大。

汉献帝建安四年（公元199年）阳春三月，董承被提拔为车骑将军，升职令由汉献帝亲自下达。乍看，不过是一件普通的给官员升职事件，却隐藏着汉献帝极大的动机。首先，此事由汉献帝亲自裁断，根本没有征得曹操的同意。其次，曹操正面临着内忧外患，对内，刘备表面顺从，却暗藏野心，始终是一大隐患。对外，袁绍虎视眈眈，大范围调兵遣将，南下之势路人皆知。汉献帝正是抓住了曹操无暇顾及之机，实施自己的计划。

董承得车骑将军之职，喜上眉梢，这一职务，拥有许都最高军事头衔，本归曹操所有。只是，董承虽拥有无上的职称，却根本没有实权，因为部队多是曹操所率，根本不听从他的指挥。董承空有职衔，手中兵力仍然有限。董承势单力薄，但慧眼识人，将反曹操的势力，一一发掘，最后种辑、王服、吴硕、还有似是而非的刘备被拉拢过来，加入谋刺曹操的阵营。

种辑时任长水校尉，王服、吴硕乃是将军，只是这三人虽头戴军衔，却是个空壳，手下士卒少得可怜。刘备虽有些势力，却仍旧徘徊在模棱两可之中。其实，此时的刘备也是自身难保，在曹操的监控之下，处处小心，备受控制，有性命之忧，哪里还有心思去管这些争权夺利的事情。刘备借袁术要去投奔袁绍之机，得曹操应允去徐州拦截袁术，自此一去不复返，参加诛曹操之事也就不了了之了。

董承谋诛曹操，前前后后准备了一年也没有实质性的进展，所谓夜长梦多，再这么拖下去迟早要败露。汉献帝一遍一遍地催促，一次一次地失望，董承心里也急，整日茶不思，饭不想，夜不寝，一门心思想主意，还真被他想出来一个妙方。

董承想到了太医吉平，吉平乃是曹操的家庭医生，却与董承交好。若是让他下手，在曹操所服药物中，加一剂毒药，就可让曹操一命呜呼。真是天赐良机，董承欣喜若狂，连夜拜访，一番甜言蜜语，将吉平也拉入了谋刺曹操的团队中。董承终于松了一口气，成功指日可待。曹操一除，就是他董承的天下了，这样想着，董承心中已经乐开了花，如同吃了蜂蜜一般甜。

人生不如意之事太多，功亏一篑之遗憾，也常常发生，沉浸在美梦中的董承万万没有想到，事情会落得功败垂成、前功尽弃的结局，而他自己也遭遇了诛连三族的命运。曹操命不该

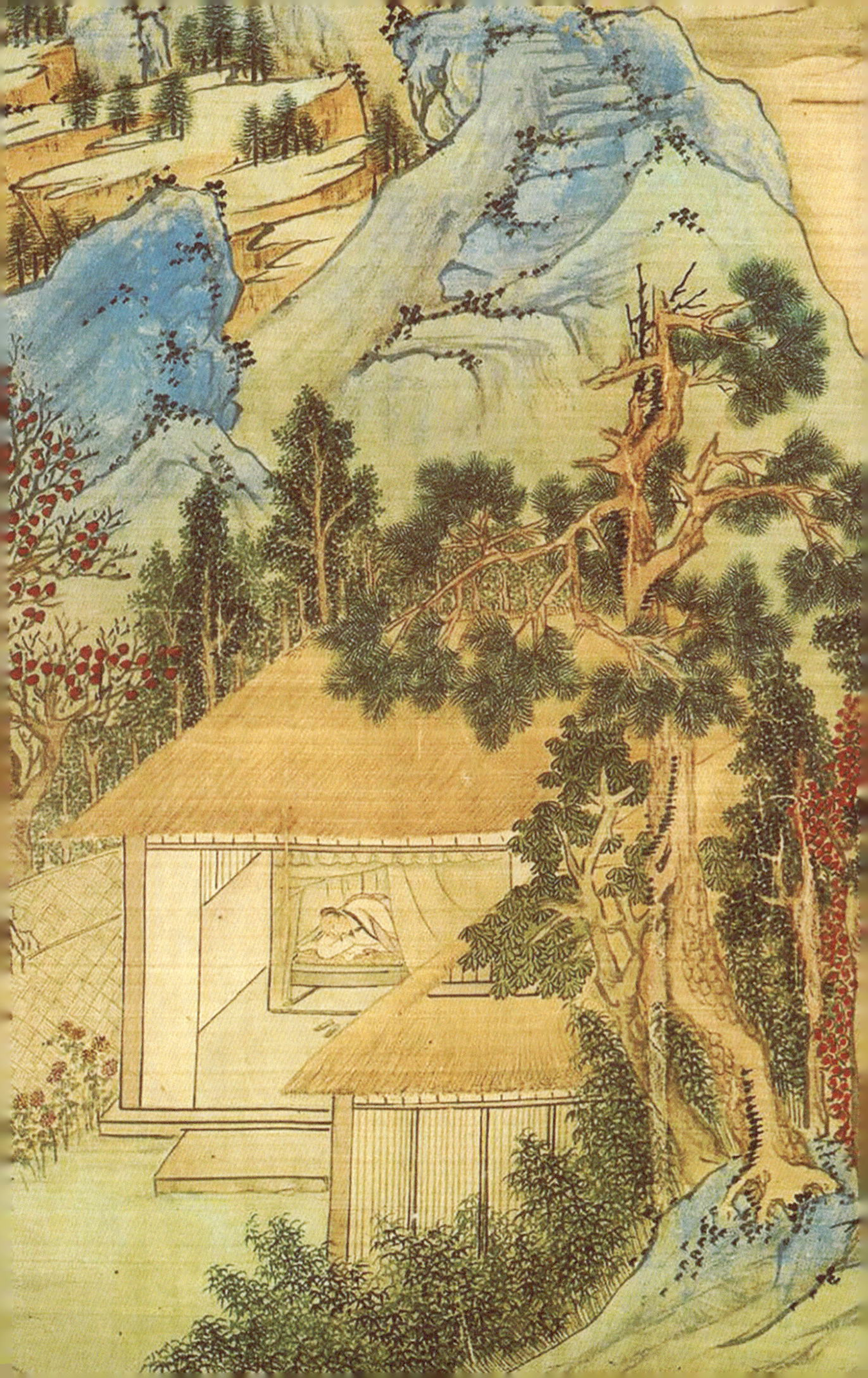

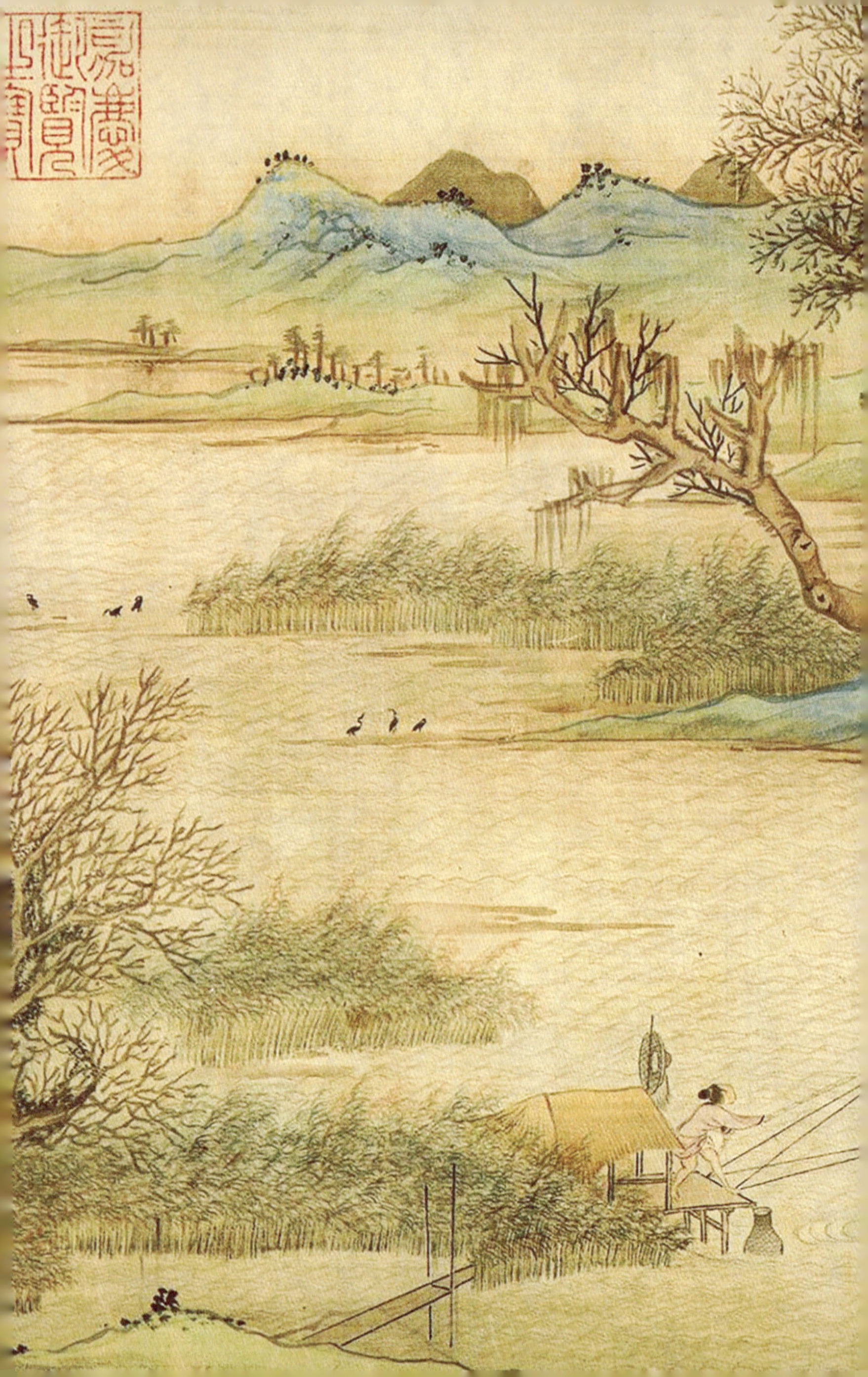
嘉慶御覽之寶

绝，种种迹象都让他起了疑心，也许，在汉献帝不得曹操允许，就任命董承为车骑将军那一刻起，曹操就已经有所警觉。所以，当发现了蛛丝马迹，曹操便将其扼杀在摇篮中，证据是不需要的，手中的权力可以代替一切。

董承、种辑、王服、吴硕片刻之间人头落地，给他们陪葬的还有三族亲属。曹操先斩后奏，汉献帝吓出了一身的汗，当然，曹操明知汉献帝乃背后主使，终究是不能拿他怎么样的，当着他的面将董承怀孕五个月的女儿董贵人一刀杀掉。曹操根本不理会汉献帝的求情，汉献帝泪眼朦胧，双拳紧握，曹操实在是胆大妄为，二话不说，杀了自己的妻子与未出世的孩子，实在是欺人太甚。

此番杀鸡给猴看，让汉献帝更加憎恨曹操，却也不敢轻举妄动了。伏皇后一向支持汉献帝铲除曹操，被曹操得知，曹操想方设法将其打入冷宫，后逼其自缢。衣带诏，随着曹操杀戮的结束而毫无踪影。

衣带诏事件实际上表明了汉室最后一丝反抗外臣专权势力的努力。包括董承在内的一干大臣心中还是有着复兴汉室的梦想，即便是当时请求曹操将献帝接入许都也是为了复兴汉室而绝不是为了向曹操谄媚。应该说到了这种程度，无论董承等人是否是在为自己的未来进行盘算，都是需要极大的勇气的。尽管受到当时情形所迫没有办法与曹操相抗衡，最起码在心理上给曹操造成了冲击，曹操的疑心病也许就是这个时刻被激发了出来，让曹操的心中永无平静之日。

　　事情顺利解决，只是，还有一个人成了漏网之鱼——逃逸的刘备。仇当然要报，只是时机未到。袁绍的大军已经开来，暴风雨之前的气氛渐渐逼近。

写一篇文章骂死你

汉献帝建安四年（公元199年），公孙瓒自以为牢不可破的易京被袁绍攻下，公孙瓒走投无路，已无回天之力，遂将亲属杀掉，引火自焚。胜利来得太快，袁绍有些措手不及，收编了公孙瓒的残兵，自此并州、幽州、冀州、青州尽在囊中。

冀州乃是四州中心兼重心，由袁绍自己坐镇，三儿子袁尚留在身边辅助，大儿子袁谭守青州，二儿子袁熙守幽州，外甥高干守卫并州。这样的军事安排让大儿子袁谭甚是不满，作为长子，自己本应留在袁绍身边。

袁绍宠爱庶妻刘氏，刘氏生第三子袁尚，袁绍爱屋及乌，对袁尚也特别偏爱，有意立袁尚为接班人。所谓立长不立幼，这在当时仍旧是不容打破的礼法。但是，此举一开，袁绍废长立幼的心思便露出了端倪，为一场骨肉残杀的斗争埋下了伏笔。

此时袁绍坐拥四州,有几十万大军,可谓北方霸主,就连曹操都不在话下。欲望永无止境,随着实力的增强,袁绍的野心也膨胀起来。袁术称帝,让袁绍心痒难耐,二人虽为兄弟,却一向不和,袁绍乃是庶出,自幼备受欺辱。袁绍心中一直憋着一口气,那就是一定要做出些成绩,让袁术,这个自认为了不起的弟弟看看。

袁术称帝,却没有把他的小国搞得像模像样,相反,在内外交困、贫困潦倒之时,不得不向袁绍求救。袁术有意将帝号让给袁绍,袁绍向往已久,况且实力具备,便向手下将领透露了这个消息,意在试探他们的态度,更希望得到他们的支持,却不料,此言一出,便如同平静的湖面投入大石,激起千层波浪。袁绍看这风声鹤唳的架势,知道称帝之事,乃是自己的一厢情愿,便不了了之了。

称帝不成,袁绍便把注意力集中于曹操,此时的曹操面临着内忧外患,自叹分身无术。袁绍大范围调遣军队,整装待发,曹操这边却无暇准备。

刘岱、王忠受尽侮辱,狼狈逃回,还有那句"使汝百人来,其无如我何;曹公自来,未可知耳"的话,刘备这个从自己手中逃脱的小人物,如此目中无人,曹操心中愤愤难平,被激怒的曹操丧失了理智,非要把刘备杀之方除恨。袁绍如狼似虎,曹操却率领大军远征徐州刘备了,这里面多少有曹操意气用事的成分。后方空虚,这真是一个千载难逢的机会,袁绍若是此时出兵，多年夙愿便可实现。

袁绍攻打许都之心早就有之，特别是见曹操挟天子以令诸侯，威风凛凛，艳羡不已。汉献帝是张王牌，袁绍当初与之擦肩而过，这次若能抓住机会，便可失而复得。但是，事情总是那么不遂人心，横生枝节之事不请自来。机会垂青了袁绍，却也扔给袁绍一个难以定下的抉择，袁尚病了，这个袁绍最宠爱的小儿子病得不轻，袁绍的心乱了，把出兵之事，放在一边，整日守在病床边，嘘寒问暖，全然忘记了领兵出征之事。

众人唉声叹气，大好时机怎能白白浪费，谋士田丰踱来踱去，思前想后，终究是再次进谏，曹操远征刘备，一时之间难以回来，若此时袭击他的大本营，曹操的许都、汉献帝均俯首可得，千载难逢的机会，不能错过啊。袁绍心中装满的都是儿子的病，哪里听得进去谏言，不耐烦地将田丰打发掉。田丰跺着脚，气愤难耐，怒其不争。

袁绍错失良机，将家务事处理好了，便召开紧急会议，重提攻打曹操之事。袁绍调遣十几万精锐，准备直入许都。此时，军中却意见纷纭，分化成为两大阵营。一是保守派，一是主战派。

保守派的代表是沮授和田丰，曹操攻打刘备胜利而返，意气风发，实力不是一日两日能够剪灭的。另一方面，曹操手中有汉献帝这张王牌，虽无名正言顺之实，却有可以依仗的名分。现下，曹操掌汉室事务，以汉献帝为挡箭牌，此时若是出兵，便是不义。所谓出师有名，总要找个名正言顺的理由，才能攻打他。再者，与公孙瓒连年的战争虽以胜利告终，对己终有损耗，百姓饱受战乱之苦，常年无收，税收无法上缴，仓廪粮食短缺，更无积蓄，如何与曹操抗衡。所以，当务之急，乃是以逸待劳，休养生息，积蓄力量，步步为营。最后修缮城池，营造器械，当然，在加强防备的基础上还要为增强战斗力做准备。对付曹军，可以以游击战术，不时骚扰边境，让其不得安宁。如此做法，不出三年，就可以具备将曹操剪灭的实力。

沮授和田丰的论断，虽保守，却也不是避而不战，乃是一种持久战术，在分析内外情形下，不失是一种稳妥明智的战略。但是，此战略需要的是耐心，以袁绍炅炅之野心，必定等不得。况且此时袁绍对田丰已有疏远之意，怎会听从他的建议。

沮授和田丰此法一提，便得到了主战派的反对。主战派以手握重兵的郭图、审配二人为代表，极力主张立即出兵。这二人均是暴躁脾气，却又只懂得纸上谈兵。他们搬出兵书，将兵法一一展现在袁绍面前。与曹操对抗，袁绍兵马在数量上占绝对优势，他们认为这是取胜的不二法宝，凭借袁绍的几十万大军，取胜那是易如反掌。但是他们忽视了军队的质量问题，曹操军事能力、智慧兼备，是带兵的好手，况且曹军纪律严明，个个训练有素，相形之下，袁绍的兵马就逊色了。

针对师出无名问题，郭图、审配同样针锋相对，曹操挟天子以令诸侯，将汉献帝玩弄于股掌之间，这是对君主的大不敬，本就有欺君之罪。此时讨伐他，有何不妥。郭图先是批评田丰不知审时度势，更拿"天与不取，反受其咎"相要挟。

袁绍虽已有出兵之心，却也还是有所顾虑，沮授和田丰所言，他虽嘴上绝口不提，心中必然也是有所考虑。郭图见袁绍面有迟疑，便在背后谏言，沮授官位监军，统领内外，军中无不是他的爪牙，若是放任其膨胀，必定难以控制，恐有功高震主之危。袁绍听郭图一说，想到种种，更加觉得沮授另有所图，一声令下，撤销了沮授的军事大统领的职务，沮授从此不得参与内政了。一不做二不休，袁绍还把沮授手中领兵权一分为三，分两份给郭图带领。

田丰接管了沮授的位子，但是田丰也是保守派成员，据理力争，始终坚持己见。袁绍主意已定，又被沮授这事一闹，心绪不佳，一怒之下，便将田丰投入监狱。田丰是头倔驴，临走还放下狠话，袁绍若是一意孤行，必定自取灭亡。这日，刘备狼狈来投，袁绍亲自接待。曹操攻打徐州，刘备毫无抵抗之力，弃家眷，狼狈而逃。无奈，只得来投奔袁绍。

袁绍正值筹备攻打曹操事宜，听闻刘备来投，喜上眉梢，似是成功在望。刘备从曹操处逃出，自然对曹操的军事情况了若指掌。刘备滔滔不绝，袁绍希望在即，出征的迫切更加难以名状。

袁绍思前想后，毕竟师出无名，便让主簿陈琳写了一篇声讨曹操的檄文，陈琳是写文章的高手，妙笔生花，写成《为袁绍檄豫州文》。文章列举曹操种种劣迹，无限制夸大，并连带着将曹操的祖孙八辈骂了个够，"豺狼野心，潜包祸谋，乃欲挠折栋梁，孤弱汉室，除忠害良，专为枭雄"，这些足以构成征讨曹操的理由。袁绍很是满意，命人到处张贴，以鼓舞士气。

陈琳的这篇文章确实是一篇好文，将曹操与董卓以及古往今来的奸相相提并论，连带着将曹操的家世也骂得体无完肤，完全达到了袁绍想要达到的目的，以至于曹操本人看后都大为赞赏，后来袁绍兵败，曹操因为赞赏陈琳的才学而不杀陈琳，也被传成了一段佳话。虽然袁绍一直希望为自己与曹操争权夺势的战争加上一个华美的名头，但是从时机上他已经整整晚了曹操好几步，论才学与实力更是无法与曹操相提并论，这样的一个檄文看似骂了曹操实际上却也昭示着袁绍将败于曹操的最终结局。

事前造势圆满成功，袁绍的几十万大军，已经浩浩荡荡往前线开去，那架势，可谓无人能敌，且看曹操如何应对。

咱俩到底谁更好

"使汝百人来,其无如我何;曹公自来,未可知耳。"

曹操的脑海中反复盘旋着这话,心绪难安,辗转反侧,无法入眠。"夫刘备,人杰也,今不击,必为后患。袁绍虽有大志,而见事迟,必不动也",郭嘉曾说过的这话,犹在耳畔。

曹操起身,案几上放的是刘岱、王忠打败仗的军事情报。以曹操之观察,刘备胸怀大志,以其之隐忍,终究会成大事。曹操不禁想起那次与刘备共饮青梅酒,话天下英雄之事来,刘备临危不惊,轻松化解尴尬。曹操心中对刘备的防备更上一层,更为自己放虎归山而后悔不已。此时若不将其剪除,必定后患无穷。

袁绍自从击败公孙瓒后,实力大增,成为北方最具实力的霸主。但是,身边虽谋士云集,智囊团强大,有如许攸、田丰,但袁绍却是一个优柔寡断之人，难以决断，"无断则必将无威，少决则必然被动"，时有人对袁绍出兵做出评价"眼前虽强，却难免后败"。

与袁绍的一战不可避免，但是，刘备不除，当袁、曹大战之时，将是一个重大威胁。后方不安全，哪里有心思奋战在前线。曹操这样想着，心中已经有了定断。袁绍讨伐曹操的檄文已经尽人皆知，曹操看后，非常平静。他的手下将领不干了，要求立即讨伐袁绍，曹操笑着摇摇头，心中波澜不惊，袁绍此举一是求个名正言顺，二是激怒曹操，让其丧失理智，曹操愈是如此想，心中愈宁静。

在与袁绍火并之前，需要解决的是徐州的刘备。但是，心中也不免有所顾忌，袁绍调兵遣将久矣，他若是趁虚而入，许都将岌岌可危。曹操不免陷入抉择两难的困境中，攻打袁绍还是刘备？基于对这二人才智及其性格的分析，曹操准备赌一把，亲率士卒往徐州奔去。曹操亲战，这是刘备万万没有想到的，毕竟袁绍虎视眈眈，刘备错误估计了形势。没有悬念，曹操大胜，刘备再次失掉徐州。

话说，曹操入徐州时，是袁绍进攻的一个好时机。只是，天赐良机却被袁绍的儿女情长给牵挂住了，袁绍宠爱的小儿子袁尚一病不起，让做父亲的袁绍心痛不已，毫无心思领兵出征。袁绍由着性子，将进谏的田丰臭骂一顿，自此疏远田丰。机会转瞬即逝，曹操凯旋。真是儿女情长，英雄气短。

家庭、事业兼得，那固然是好，然而，但凡古今能够成就大事业者，莫不将个人恩怨放置一侧。时张绣第二次投降曹操，曹操欣然接受，以礼相待，绝口不提当年往事。这张绣不仅曾经背叛曹操，还是曹操的杀子仇人。如此看来，袁绍、曹操之差异可见一斑，曹操成大事之端倪已经展露无疑。时人曾称赞曹操，有英雄之才，乃因"宰相肚中可撑船"，对于仇人，也能不失礼节，笼络人心，使用人才，更是高手中的高手，定能成大器。

袁绍十几万大军气势汹汹而来，曹操悉数兵马，仅仅两万有余，敌强我弱，如此大的反差对比，如何取胜，是个让人百思不得其解的头痛问题。乍看袁绍势力让人心惊胆战，几十万的大军，这是军事力量上的重大悬殊，另外袁绍筹备多时，可谓有备而来。更强大的力量是袁绍手下人才济济，有文有武，有智有谋，田丰、许攸心思缜密，是智囊团级的人物，颜良、文丑作战勇猛，统领袁军，更有审配、逢纪这样的能臣相助，打败袁绍真是有如登天。

当探得袁绍的军情，曹操陷入沉思，一股恐惧窜上心头。曹营之中有这种恐惧心理的大有人在，时任北海相的孔融便是其一，当然孔融的说辞是从力量悬殊而言，人力之多乃是袁绍最让人无法企及的优势。"绍地广兵强；田丰、许攸，智计之士也，为之谋；审配、逢纪，尽忠之臣也，任其事；颜良、文丑，勇冠三军，统其兵：殆难克乎！"

孔融从人力、物力、统治范围一一加以言说，句句诚恳，句句属实。孔融一遍一遍力陈形势，却次次是在灭自己威风，长他人志气。军中弥漫着浓厚的恐惧气氛，压得人透不过气来。

谋士荀彧、郭嘉与贾诩却认为不然，荀彧、郭嘉都是出自袁绍的阵营，对袁绍斤两一清二楚，这三人列举了一系列理由将孔融所言一一驳倒。

"绍兵虽多而法不整。田丰刚而犯上，许攸贪而不治。审配专而无谋，逢纪果而自用，此二人留知后事，若攸家犯其法，必不能纵也，不纵，攸必为变。颜良、文丑，一夫之勇耳，可一战而禽也。"（《三国志·魏书·荀彧传》）

袁绍兵力虽多，却是有量无质，况且袁绍政令不一，下属多有怨言。至于袁绍手下谋士与将领，个个都是好手，却也不是完人。谋士要么个性刚硬，要么嗜财入命，武将有勇无谋，却又刚愎自用，而袁绍又是个缺乏果断之人，这些人走到一起，难免军心大乱了。

一番激情澎湃的理论，将众人的信心重新调动，曹操也心情澎湃，恐惧的阴霾一扫无余。在这士气大增的节骨眼上，荀彧与郭嘉又献上四胜十胜之说，力主信心战。

荀彧四胜四败说，与郭嘉的十胜十败说，有异曲同工之妙，差别仅在于，十胜十败说，更加全面而完善，所以这里仅给出十胜十败说，其内容如下：

"今袁绍有十败，主公有十胜，袁绍兵虽盛，不足惧也：袁绍繁礼多仪，主公体任自然，此道胜也；袁绍以逆动，主公以顺率，此义胜也；桓、灵以来，政失于宽，袁绍以宽济，主公以猛纠，此治胜也；袁绍外宽内忌，所任多亲戚，主公外简内明，用人惟才，此度胜也；袁绍多谋少决，主公得策辄行，此谋胜也；袁绍专收名誉，主公以至诚待人，此德胜也；袁绍恤近忽远，主公虑无不周，此仁胜也；袁绍听谗惑乱，主公浸润不行，此明胜也；袁绍是非混淆，主公法度严明，此文胜也；袁绍好为虚势，不知兵要，主公以少克众，用兵如神，此武胜也。主公有此十胜，于以败袁绍无难矣。"

郭嘉的十胜十败说，概况来说就是道胜、义胜、治胜、度胜、谋胜、德胜、仁胜、明胜、文胜、武胜这十胜，而荀彧的四胜四败乃是其中四部分，度胜、谋胜、武胜、德胜。这十胜十败，虽看似繁琐，归纳起来，实是言简意赅，可谓是囊括了袁绍的所有劣势，曹操的所有优势。以袁绍之短，比曹操之长，让人看到的却是希望。

这样的一篇宏论注定了郭嘉成为东汉末年顶级谋士的未来，让郭嘉的姓名和曹操的功业永远地相容在了一起，尽管天妒英才，郭嘉在曹操消灭袁绍之子的时候因病去世，但是郭嘉当时给曹操所提供的计策包括这篇著名的十胜十败论都彻底地显示出了他所拥有的极佳才华，甚至有人曾经这样说，如果有郭嘉当时在曹操的身边，后来曹操的赤壁之战也许就不会得到那样惨烈的结果。

曹操看罢，仿佛已经看到了胜利的曙光，心中似有氤氲之气，竟不禁有些飘飘然了。信心真是一个奇妙的东西，是一股推动人一往直前的动力，即使希望渺茫，它也能让你看到美好的明天，即使道路坎坷，它也让你欣然上路。此时的曹操，正处于信心十足的时候，袁绍的几十万大军，在他眼中已经无关紧要。

当然，盲目的乐观是可怕的，曹操在信心中并没有迷失方向，积极备战，做好防御工事的同时占据险要地带，无几，就在黄河沿线筑成防守体系。一切准备就绪，曹操顺带解决了袁绍的后援与自身后方安全问题。

安抚是曹操制约小势力的一贯手段，例如，西北韩遂和马腾，让他们的儿子入许都为官，虽说是殊荣，却是实际意义上的人质，如此一来，既保证了他们不会反曹，也保证了他们不会去支援袁绍。总之，种种手段，让曹操没了后顾之忧，放心与袁绍一搏。

开战前紧张的备战就绪，士卒已经各司其职，一场战争一触即发。

扼杀在摇篮

刘备一得曹操应允,便一溜烟连夜从许都往徐州城奔去。重得自由的刘备,面容焦急又有几分兴奋,让在侧的关羽、张飞也摸不着头脑。以曹操对刘备的防备,如今能够让刘备出征徐州,多半是曹操头脑发热,丧失理智。刘备心知,曹操一觉醒来,理智归来,是极可能反悔的,刘备便等不得天亮,唤上二人,率军连夜出发。

果不其然,第二日,曹操见刘备不见了踪影,当即后悔莫及。刘备这一走,无异于放虎归山,后患无穷,曹操眉头紧锁,心中无限感慨。这时,程昱、郭嘉听闻刘备逃逸立刻来见,二人力陈利弊,总之一句话,万万不能让刘备逃走。曹操一算时辰,此时若以快马相追,许能赶上,便命百余骑快马加鞭去追,追兵手握军令,令刘备速速归朝。却不料,刘备将来兵敷衍打发，绝口不提回朝之事，仍旧直奔徐州而去。

刘备克袁术，入徐州，总算是舒了一口气，以协助徐州刺史车胄驻守徐州为由打发朱灵回许都复命，朱灵一走，刘备将军权握于手中。无几，刘备又寻得理由，令关羽斩杀车胄，成为徐州实际上的统治者。曹操让车胄杀刘备的计划泡汤，便又派刘岱、王忠二将去征讨，这二人心高气傲，轻敌难挡，刘备不失一兵一卒，就让他们军粮尽失，最后被刘备羞辱一番狼狈而还。

因刘备那句一时得意的话，"使汝百人来，其无如我何；曹公自来，未可知耳"，曹操亲率大军气势汹汹而来。刘备将要为一句得意之话，付出惨重代价，另一场逃亡之路已经打开。

刘备万万没有预料到曹操会亲自出马，他心中清楚，后方袁绍对曹操的威胁久矣，若曹操率军入徐州，就把大好机会留给了袁绍，这是得不偿失之事，智慧如曹操，他绝对不会这么做的。因此刘备自以为可以高枕无忧了，趁着曹操与袁绍对峙，无暇东顾之机，可以好好经营徐州，作为日后光复汉室，重振刘家大业的根基，抱着这样的心思，刘备根本没有做任何的防备措施。

但是，事情就是如此让人措手不及，刘备悠哉乐哉之时却闻曹操来袭，顿时如五雷轰顶一般，傻眼了，事情大出意料，这仗该如何打？

刘备率领五千士卒入徐州，再加上后来收编的徐州兵力，不足九千，刘备一纸救援急报发到了东海郡昌霸那里，这个东海郡昌霸是刘备一入徐州，便带头投诚的徐州一方小霸。昌霸率军来援，刘备兵力增至万余人。

曹操此次前来，率领两万精兵，若以人数来算，刘备的兵力也并不算少，况且自己手下还有关羽、张飞两员猛将作为左膀右臂。但是要人命的是，刘备所带之兵，本是曹操所有，其战斗力当然毋庸置疑，但是难保他们肯为刘备效命，更何况是对抗自己的老主子。刘备反叛曹操，自己背负着背信弃义的罪名，军中士卒也难免有怨言，所以指望他们抛头颅洒热血的可能性微乎其微，刘备所能够仰仗的就仅仅是自己那可怜兮兮的两千亲军而已。

这两千士卒远远不足以与曹操相抗衡，希望渺茫，不是刘备没有信心，实在是不具备支撑起信心的能力。曹军日益逼近，刘备心中只有一个念头，那就是逃。刘备甚至连交战的勇气都没有，撒腿就溜，也许这个决定是对的，所谓"留得青山在，不愁没柴烧"。

曹操大意而放虎归山，刘备恩将仇报，背后插曹操一刀，举起反曹大旗，又参与"衣带诏"谋杀曹操阴谋，旧怨新恨，若被曹操擒拿，肯定命丧黄泉，而且会死得很惨。种种，刘备看得清清楚楚，所以曹军当前，刘备临阵脱逃，即使背负这样的罪名，也要保得性命。见得明天的太阳，才有东山再起的希望，刘备这样想着，脚下逃跑的步伐更快了。

曹操率领军队，气势汹汹，哪里有多少士卒诚心抵抗，刘备的军队一触即崩溃，当真兵败如山倒，况且，将领逃跑了，士卒哪里还有拼命的道理。曹军势如破竹，长驱直入，直奔刘备逃跑的方向而去。

看着曹操充满仇恨而锐利的双眼，刘备心中的恐惧一波一波，一浪一浪袭上心头，曹操一声令下，曹军直扑而来，刘备被让人窒息的气场震惊了，一阵厮杀，刘备扬鞭一挥，胯下坐骑，冲出重围，狂奔而去。狂奔百余里地，看那夜幕笼罩，刘备停了下来，再看后面，只有几十名亲兵跟随，人马个个气喘吁吁，神态忧郁，像刚刚从鬼门关回来。再次失徐州刘备无语良久，心中却感慨万千。

败得如此彻底，片刻之间一无所有，刘备越想心绪越难以平定。但是，事已至此，路仍旧要走下去，便强行打起精神为明日之生存绞尽脑汁。多时的狂奔，刘备与仅存的几十名亲军已经累得无法前行，恰见一间破庙，便打算在庙里安歇一晚，准备明早上路。

窗外，月光皎洁，刘备辗转反侧，哪里能够入睡。张飞在战乱中失去联系，现下也不知如何。关羽与妻儿在下邳，下邳本是个安身之所，只是恐怕现在曹操已经布下天罗地网等着自己自投罗网。一边惦记着妻儿与两兄弟的安危，一边为自己明天的路而担忧，刘备思绪万千，却毫无头绪，实在是到了山穷水尽疑无路的绝境。

天下之大，却无立身之地的滋味，让刘备一夜未合眼。清早，在疲惫中起身，刘备感觉全身的力气都被抽空了，却见一双双期待的眼神，刘备羞愧难当，寄托着几十人的期待，总要拿出个主意来。现下，妻儿与两员大将只能听天由命了，刘备自己尚且处于狼窝虎穴，更无暇顾及他们了。心中这样想着，只能走一步算一步了。

庙外，一阵急促的哒哒马蹄声传来，众人的警觉立即被唤醒，莫非是曹操的追兵？刘备立即命人隐匿起来，从窗缝里往外看，却是一列袁绍的士卒飞奔而过，舒了一口气，戒备松弛下来，刘备的眼前却一亮。

天无绝人之路，刘备脸上浮现出一片生机，众人看刘备如此，知道主公来了主意，心中的大石头也落地了。纵观天下，能够与曹操相抗衡的唯有袁绍，袁绍与曹操必有一战，现下不若去投奔袁绍，方能与曹操对抗。

刘备想着，脸上露出"柳暗花明又一村"的神色，然而只是片刻便被一片阴霾代替。曹操来袭徐州时，刘备曾给袁绍发去救援信，更建议袁绍攻打曹操大本营许都，袁绍却以儿子生病为由，坐失良机。以此来看，袁绍乃是难成大事之人，与曹操更是相形见绌。况且，以袁绍之心胸，能否容得下刘备也是问题。为自己的前途，刘备不得不考虑周全。

刘备踱来踱去，拿不定主意。众人肚子咕噜咕噜直叫，一天一夜，滴水未进，体力又严重消耗，真是饥渴难耐，刘备一声不发，却都看在眼里。还是保命要紧，刘备下了命令，众人便策马往袁绍方向而去。

刘备一路上，只希望袁绍看在旧情的份上，能够收容他们一行。毕竟刘备还担当着袁绍大儿子袁谭的恩师这样的称谓。此话要从刘备在曹操手下当值时说起，刘备时任州牧，保举了袁谭为"茂才"，依汉朝传统，刘备作为保举人，乃是被保举人袁谭的恩师。这丝旧情谊，不知袁绍是否还挂念，一路疑问，就到了袁绍营中。刘备一番肺腑之言，让袁绍起了恻隐之心，便收留了如丧家之犬的刘备。当然，不排除更深层次的原因，刘备毕竟曾是曹操的部属，对曹军知之甚多，必能为袁绍带来重要情报。

对刘备来说，袁绍的死活与他没有任何的关系，但是因为袁绍的存活从而可以对曹操形成威胁这就对刘备有着莫大的关系了。刘备是个极具忍耐能力的人，经过了前几次的寄人篱下之后，他不在乎再多来一次，此刻正在袁绍与曹操厉兵秣马之时，刘备只不过作为一个隔山观虎斗的观者，这样的决定可以说是十分高明的。

刘备入袁营，自当感恩图报，知无不言，言无不尽，只是，正如刘备所预言，袁绍终究是难成大事之人。

第二章

官渡之战：头脑发热是会送命的

先打一仗玩玩吧

汉献帝建安五年（公元200年）二月，春节的气息还没有散去，声威日震的袁绍，便按捺不住心中的欲望，要给曹操以致命一击。恰逢刘备狼狈来投，刘备知无不言，言无不尽，将曹军军情一一汇报，袁绍大喜，认为凯旋的把握已经达到了百分之百。袁绍亲率大军进入黎阳，手下名将颜良独当一面，渡过黄河，以迅雷不及掩耳之势围攻白马城。

出征之前，袁绍集团内部矛盾重重，保守派与主战派争论得不可开交，谋士田丰主张打消耗战、持久战而与袁绍意见相左，被投入监狱。沮授则被踢出政务，实力一分为三，虽有领军之名，手中可用权力却有限，更因袁绍刚愎自用而与之不和。

此次，袁绍命颜良率军入白马，沮授以颜良有勇无谋而进谏，袁绍对沮授早有成见，并日渐疏远，哪里听得进他的谏言，依旧以颜良独当一面。这颜良是一员猛将，以骁勇善战威名远扬，却是一介莽夫，无甚智慧，是个执行任务的好手，却不是当领导的料子。袁绍无视谏言，刚愎自用，注定了白马之战的失败。袁绍在用人上的缺陷，让其虽暂得领先，却终究还是被一浪高过一浪的潮水扑倒在沙滩上，一蹶不振，死后无名。相形之下，曹操与刘备却是用人的高手，终使得他们成为后起之秀。

袁绍出兵部署完全随心所欲，权力完全掌握在独自一人手中，听不得谏言，见不得反对，沮授知凶多吉少，有去无回，便不想随军出征，不料，袁绍以死相逼，强行将其拉下水，沮授大叹一声，感慨万千，其悲，其凄，似是末日来临。事实证明，事情就是一步一步往最坏的方向发展，最终走向末日。

颜良气势汹汹，直奔白马，将白马团团围住。此时驻守白马城的是曹操部将刘延。刘延自知实力不足，更闻颜良大名，士卒更是闻风丧胆，哪里敢出城迎战，而曹操的军马此时距离白马城十几里地，一时远水也解不了近渴。刘延战战兢兢给曹操发去求救军报。这刘延虽不应战，却也尽职尽责，将白马城的防御工事做得十分到位，使颜良久攻不下，终究是等来了援兵，解了白马之围。

曹操接到求救军报，焦头烂额，不能见死不救，却实在是苦于实力不足，如今之计，不能硬拼，只能以智慧取胜。曹操心中焦急，却是越急越乱了方寸，无计可施了。谋士荀攸见曹操眉头紧锁,便献上一计。荀攸一向不鸣则已,一鸣惊人,曹操见荀攸发话,便知他心中已有十足把握,便以信任的眼神示意荀攸继续说下去,荀攸一得鼓舞,也不再卖关子,将心中想法一股脑儿说出来,曹操眉开眼笑,连连点头,对荀攸所说,很是赞同。

荀攸所说这声东击西之策,乃是,曹操率领主力部队攻打延津,并声张造势,入延津,过黄河,攻打袁绍的老家,当然这都是虚张声势,并非实情,以引袁绍分兵来攻打。趁着袁绍分兵之际,派出精锐轻骑兵,转而入白马城,将颜良打个措手不及,然后解白马之围。

曹操听了荀攸之策,喜上眉梢,事不宜迟,恐再生事变,曹操亲率大军往西而去,直奔延津,一路张扬无比,风光无限,生怕不能引起袁绍的注意。事情传到袁绍的耳朵里,袁绍见老巢危险,便率领大军主力赶往延津阻截,半道蹦出一个拦路虎——沮授。沮授见曹操入延津如此张扬,不像曹操一贯作风,怀疑这里面有猫腻,劝谏袁绍不可轻举妄动。

袁绍一听,倍加反感,这沮授一遍一遍出来阻拦,打击袁绍兴致,袁绍心中已是厌恶不已,大丈夫行事本应雷厉风行,沮授却一再婆婆妈妈,简直像老太太的裹脚布,又长又臭。况且,此次曹操攻打目标是袁绍大本营,非同小可,若是让曹操掀了老窝,这谁能负起责任。袁绍看沮授越来越不顺眼,将其臭骂一顿,末了一句"妇人之见",把他监管起来。

袁绍执意入延津，跟曹操决一死战，这一天，他等了很久了，怎能轻易放过。只是，他却不知道，自己已经掉入一个为他精心准备的陷阱里。好戏马上就要上场，袁绍的大军已经出发，颜良也分兵去支援，时机到了。曹操见袁绍已经中计，便率领张辽、关羽两员大将及小股精锐士卒，快马加鞭，日夜兼程，往回奔去。

关羽乃是刘备兄弟，此刻怎在曹操营中？原来，曹操破徐州，刘备舍妻儿与关张二人而逃，曹操对关羽从心底赏识，便想招降关羽。关羽是何许人物，自然不肯。曹操便将刘备妻儿擒住，以此威胁，关羽无奈，只得应允，以待时机与刘备会合。

距离白马城越来越近，曹操只希望颜良能够放松警惕，越晚得知救兵来袭越好，如此一来，便可出其不意，攻其不备，将颜良打个措手不及，胜算的可能更大了。

这颜良心高气傲，又是火爆脾气，见白马城久攻不下，心中难免有些赌气，这口气顺不下来，便火气难消。这日，颜良率领亲兵士卒，在白马城外溜达，以寻得个佳方妙计，尽早攻入白马城。当然，大牌自有大牌的待遇，士卒贱者步行，贵者骑马，颜良有专门的麾盖战车，坐在上面威风凛凛，气势压人，能让颜良感觉到高人一等的优势和乐趣。正是这辆麾盖战车暴露了颜良的身份，从而葬送了生命。

坐在麾盖战车，颜良无精打采，猝不及防，却闻阵阵马蹄声，但见一股骑兵以无人能敌之势，直奔而来，是什么人拥有如此天下无敌的气势？颜良从战车上站起，以便看得更清晰些，却见领兵之人是曹操，颜良心中一惊，竟然不知如何是好，片刻才回过神来，急令回营。

说时迟，那时快，曹操已经率军将去路斩断，颜良遭遇曹操，不得不战。毫不含糊，交战双方没有任何的寒暄，就已经乱成一团，此时此刻，唯有手中刀枪最有话语权，除此之外，一切都是枉然。

所谓射人先射马，擒贼先擒王。关羽看那旄盖战车，便策马而去，颜良见关羽直奔他来，却没来得及躲闪，关羽已手起刀落，将颜良斩杀，并割下颜良头颅，献给曹操。袁军无首，成为无头苍蝇，士卒更见关羽斩颜良，恐惧不已，军心大乱的袁军，不攻自破，白马之围顺利解除。

在延津的曹军主力，本就没有跟袁绍对决的计划，见袁绍来袭，撒腿就撤。袁绍知曹操的"项庄舞剑，意在沛公"后，心中懊恼不已，又闻颜良被关羽斩杀，无异于受了当头一棒，心中斗志反倒是被激发了出来，一将不成，再拉出另一将文丑。文丑之名与颜良旗鼓相当，不相上下，文丑率领五千士卒，追击曹操留在延津的主力。

文丑平素与颜良关系亲密，见颜良战死，誓要为颜良报仇，有了动力，就能爆发出令人难以想象的行动力。文丑看中了曹操的辎重部队，作战如果没有物资，就只能等着挨打，刘岱、王忠的结局就是前车之鉴。

文丑这样想着，不禁心中窃喜，却不知曹操将这一切都看在眼里，念在心里，事情朝着曹操预料的方向发展。上行下效，文丑与袁绍犯了同样自以为是的错误，却不知螳螂捕蝉，黄雀在后，误入他人圈套却不自知。

文丑冲着曹操的辎重部队而去，曹操也不奋力抵抗，笑看文丑所带士卒疯抢财物，乱作一团。曹操见时机成熟，一声令下，将乱作一团的袁军围住，一番厮杀，手拿物资的袁军哪里肯轻易放弃财物，生命与财物真是难以抉择，在这犹豫踟蹰之际，成了刀下亡魂，英明一世的文丑将军也被乱刀砍死。

斩颜良诛文丑，这本是《三国演义》最为经典的描写，突出了关羽作为一代名将的各种性格特征与威武霸气，成为了世人所传颂的经典三国故事，但又有谁能想到正史当中文丑的死与关羽没有一丝一毫的关系，这只不过是罗贯中为了突出人物性格、讲述人物故事做的又一次"移花接木"罢了。

曹军虽少，却凭其智慧，初战告捷，而狂妄自大的袁绍，连损两员大将，节节败退，曹袁初战就奠定了官渡之战的基本走向。

我的心里只有刘皇叔

下邳城，狼藉一片，打斗的痕迹清晰可见，横尸处处，伤者无数。战争结束，众人面露疲惫的神色，清理着现场，曹操走过这片场地，在郭嘉的陪同下，往远处一座小山上走去。曹操步伐沉重有力，面上有几分欣喜，又有几分忧虑，眼神却是坚定无比。

山矮树稀，曹操、郭嘉君臣二人不费力气就爬上顶峰，但见关羽屹立在山上的小亭内，纹丝不动，眼神却是望向远方，顺着关羽眼神方向望去，曹操却看不出有什么异样之处。

三人无语，唯有山上凉风习习，吹着树叶子哗啦哗啦作响。郭嘉见关羽如此无礼，便想上前训斥，却被曹操一手拦住。曹操向郭嘉摆一摆手，示意他不可轻举妄动，便一步向前，与关羽并排而站。依旧是沉默，三人各有心思，让人捉摸不透。

关羽思绪回来，首先打破了安静，关羽将心中一番所想一股脑倒给曹操，曹操来不及应对，关羽已经大步流星下山去了，徒留下一脸惊讶的曹操君臣二人。

曹操、郭嘉没有即刻离去，将关羽所说一一捋清、细细回味。关羽以三件事情为投降的条件，第一件事情，刘备、关羽、张飞共同扶持汉室，今迫于形势而屈服于曹操，却是投汉不投曹。关于这一点，对于曹操是无关紧要的，整个汉廷尽在曹操手中，投曹投汉，这只是名义上的差异而已，却无实质性的区别。曹操是务实之人，对于这些虚名是不在乎的。

第二件事情，刘备妻儿需好生照料，不得心生邪念。概因关羽素知曹操爱拈花惹草，张济遗孀邹氏乃是前车之鉴。曹操抿嘴而笑，天下之大，独她甘夫人乎，枉我英雄一世，哪里缺女人。邹氏的面容在头脑中一闪而过，那真是一次后悔莫及的艳遇，曹操嘴角的微笑收敛，脸顿时变得铁青，红颜祸水，绝对不会再让女人误了大事，心中再次坚定了这样的想法，曹操对于此点，绝无异议。

第三件事情，倘若刘备尚在人世，一旦得知刘备下落，关羽便要立即离去，不得阻拦。曹操心中对刘备有几分羡慕嫉妒，又有几分恨，他刘备何德何能，能得关羽如此忠义相待？看来，关羽身在曹营心在汉，若答应关羽此事，那无异于养虎为患，若不答应，关羽除非战死，否则必将即刻离去，难以抉择之际，曹操面露疑色。

郭嘉知曹操心思，以曹操对关羽之赏识，对于一二绝对是毫不含糊，曹操所想难以抉择必定是第三件事情。郭嘉对关羽之若得刘备消息，便即刻离去此点甚是看不上眼，既已经投降，却一心二意，如此一来，留他何用？

曹操拿不定主意，便想问问郭嘉的意见，面向郭嘉，将期待的眼神望向他，却不言一语，郭嘉如同曹操肚中的蛔虫，将心中所想一一汇报。

关羽对刘备的忠心天日昭昭，日月可鉴，此时就算是投降了，也怕是迫于形势，不过是权宜之举罢了，不如趁机杀掉他，以绝后患。曹操却摇头，在这乱世之中，人人抱着良禽择木而栖，贤臣择主而事的心态，已无忠心可言，关羽之忠义乃世间少见，乃是稀有奇人，更值得诚心相待。

想及此，曹操对关羽更是坚定了必得之而后快的信念，也不再顾忌关羽的苛刻条件，郭嘉的种种可是也一并忽视，一口应允了关羽。曹操心中所想乃是以诚心换取关羽的忠心，只是到头来，却只是曹操的一厢情愿而已。关羽虽对曹操充满感激之情，却没有乐不思蜀，忘记与刘备的生死誓言。

闻曹操应允了自己所提三件事情，关羽大出意外，知道曹操真心对待，素闻曹操礼贤下士，今日切身体验，曹操胸襟之大，让关羽佩服。关羽感慨万千，心中不免挂念走散的刘备与张飞。

关羽归顺曹操以后，曹操变着法子讨好关羽，三日一小宴、五日一大宴，更奏请汉献帝拜关羽为偏将军，授予汉寿亭侯爵位。曹操自吕布处得赤兔，十分宝贝，此时也献出孝敬关羽，更以好马配英雄相赞。当然，关羽也不是白白吃人家饭，白马城一战，关羽飞马斩颜良，为曹操立下了大功，曹操更是赏赐不断，时人谓"上马金，下马银"。

两人的合作愉快，关羽私下里却郁郁寡欢，要走之意时时流露。张辽与关羽平素相交甚厚，曹操便命他前去试探关羽所想，关羽感叹一声，"吾极知曹公待我厚，然吾受刘将军厚恩，誓以共死，不可背之。吾终不留，吾要当立效以报曹公乃去"。

这话传到曹操的耳朵里不久，关羽就来请辞，曹操知关羽来意，闭门不见，以望关羽能够打消离开的念头。白马城一战，关羽得知刘备乃在袁绍处，又得刘备召唤，便想急速前去会合，几次去曹操处请辞，曹操都拒不相见，关羽自然知道曹操的心思。

关羽归心似箭，片刻也不能久留，便写了一封辞别信，更画一幅"风雨竹诗图"相赠，诗云：

"不谢东君意，丹青独立名。莫嫌孤叶淡，终久不凋零。"

关羽以诗画表明自己心意，将一切准备妥当，未得曹操应允，便带领刘备妻儿上路，去袁绍处寻找刘备。曹操知关羽离开，也不加阻拦。郭嘉听说后，要派人去追赶，曹操却说"彼各为其主，勿追也"。

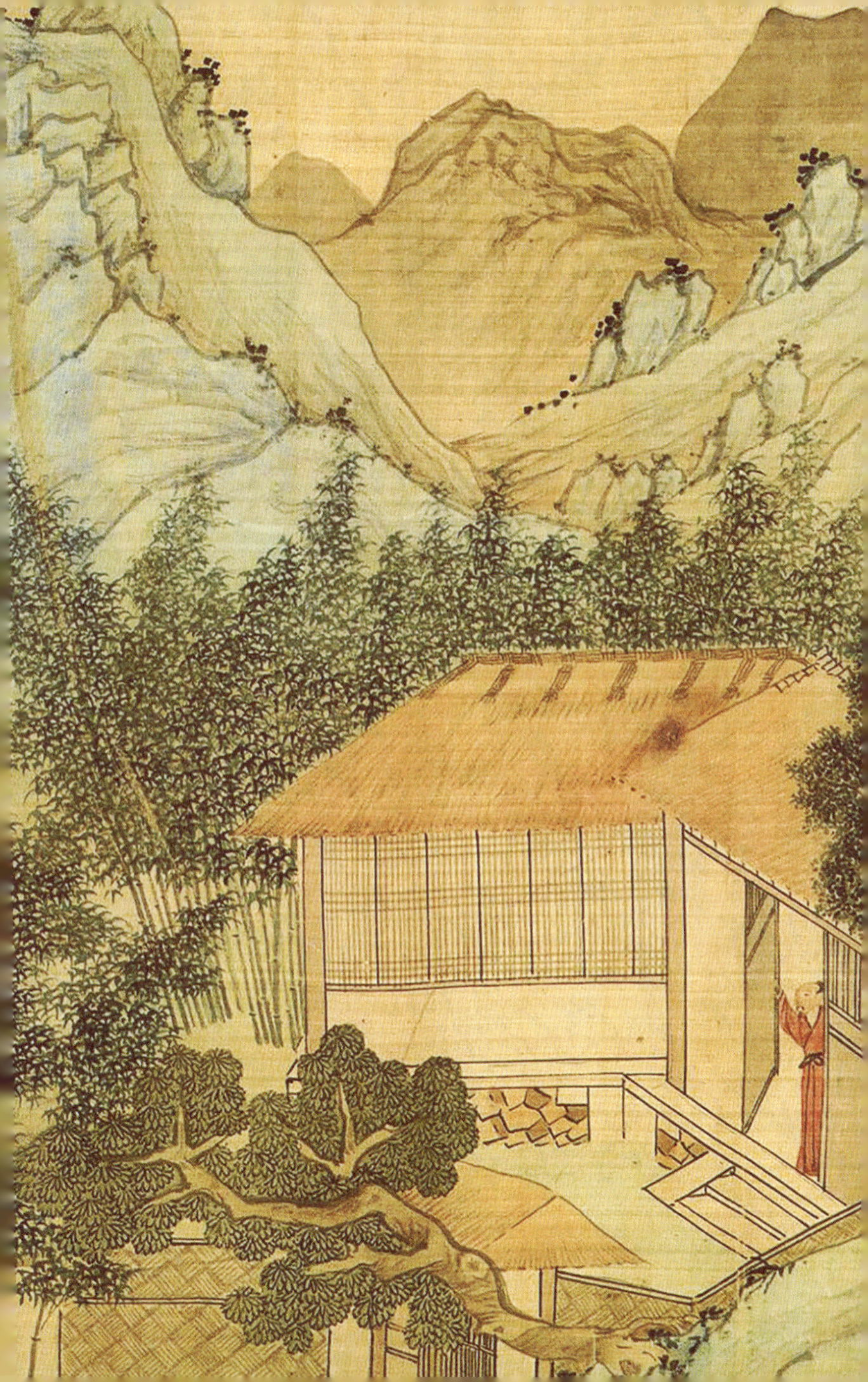

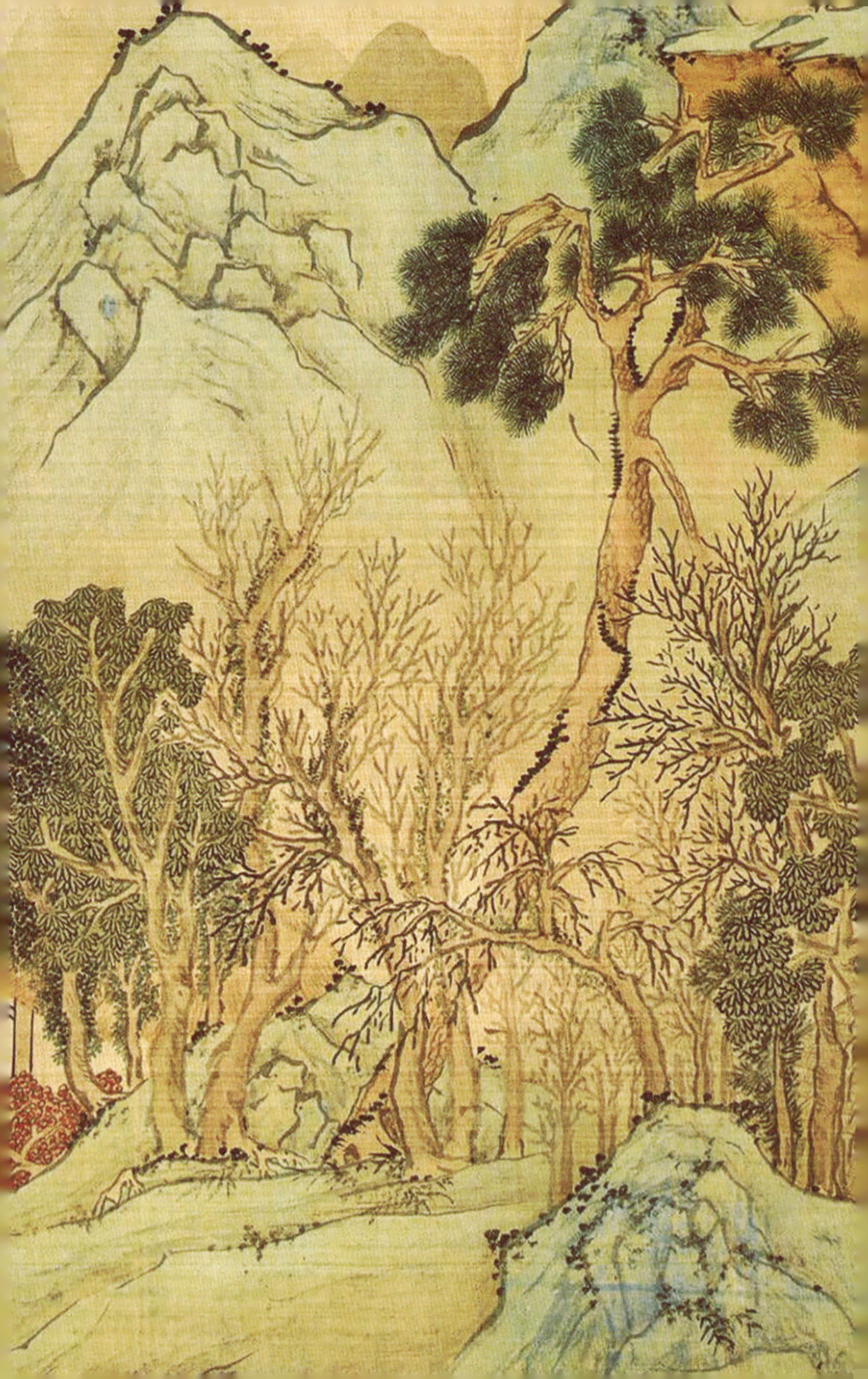

曹操惜才，关羽忠义，二人演绎了三国的一段不了情，更被罗贯中先生妙笔生花，描绘成一段佳话。不去关心孰是孰非，能有如此一段佳话，也为二人添彩不少。

谁都不服谁

　　白马城之战，曹、袁双方小试牛刀，曹操以荀攸声东击西之策，成功解围，袁绍手下猛将颜良被关羽一刀斩杀，文丑则被乱刀砍死，奠定了官渡之战最终的基调。

　　官渡初战，两军领导者的不一样的魅力一览无余。在实力悬殊巨大的情况下，曹操初战告捷，乃因其出其不意，攻其不备，这里面作战智慧发挥了重大作用，另外曹操能听谏言，更能果断下策。再观袁绍，就相形见绌了，疏远能臣，刚愎自用，随心所欲，依仗兵强马壮，狂傲自大，致使连损两将，兵败如山倒。

　　白马之围的顺利解除，鼓舞了曹军的士气，使曹营之中的恐袁氛围一扫无余，沉浸在一片自信中。更让人来劲的是，曹操一番慷慨激昂的演说，打破了袁军貌似强大的假象，士卒个个跃跃欲试，动力十足。美好的开端是成功的一半，这场战争的凯旋，已经远远超过它实际本身的战果，更是将两军士气来了个大转变，曹军正以充沛的动力迎接下一次的挑战。而与此同时，袁绍的营帐之中，人人铁青着脸，震撼度相当高，锐气大大受挫，实力明明白白摆在那里，却狼狈败北，这哪里是能说得过去的道理。

受到如此屈辱，袁绍在损失两员大将的伤痛之余，也不免要吸取教训，再同曹操决一雌雄。袁绍接受前车之鉴，认为白马城之战失利原因，乃是中了曹操的声东击西之策而分散了兵力。袁绍整顿军队，率领主力十万大军渡过黄河，在官渡之北的阳武驻扎下来，此时，袁绍已经占领了曹操防御的白马、延津、阳武三地，曹操三道防线均被袁绍占领，向曹操步步逼近，直至把曹操赶到许都的家门口。

曹军之中，乐观归乐观，形势还是相当严峻的，曹军虽然初战告捷，但敌强我弱的实力还没有得到根本的转变。延津一战虽然取得小规模胜利，却还是被袁军追赶着走，考虑到这一点，曹操便放弃前线驻守防线，率军撤退到官渡，官渡乃是一线防护，许都的门户，万不可失去，曹操命人在官渡做好了坚固的防御工事。

毕竟面临强敌，曹操若是紧急应战，难免仓促，一旦失利，就很可能面临全军覆没的隐患，曹操虽果断，却也不敢冒这么大的风险，毕竟没有足够让他冒险的实力为后盾，这也可谓是明智之举。

针对当前的情况，双方各自制订出了作战计划。袁绍初战失利，狼狈败北，士气低落，大大受挫，但是却有极其有利的条件，那就是兵多马壮，粮草供应充足，白马、延津、阳武现都已归于自己囊中，成为袁绍的大后方，有源源不断的粮草供应，再加上冀州、并州、青州、幽州，袁绍从不必为粮草而担忧。袁军如此情况，非常适宜打持久战、消耗战，以便将粮草非常有限的曹操拖垮，这不愧是一个良方妙计。

其实，在战争准备阶段，袁绍的大将军兼谋士沮授，就已经提出过此策略，只是当时袁绍求胜心切又心高气傲，刚愎自用的他根本听不进谏言，致使初战败北，两员猛将命丧黄泉。针对当前情况，沮授再提消耗战战略，一般人均能在付出代价后总结教训，但是袁绍他不是一般人，再次将沮授的提议置之度外，汉献帝建安五年（公元200年）八月，袁绍在距离官渡不远处安营扎寨，营寨连绵数十里，曹操在官渡筑成坚固的防御，袁绍见曹操毫无动静，便主动率军出击，连攻数十日，损失惨重，仍不能破，无奈，袁绍只得退回营寨，以等待时机，另寻他策。

面对袁绍的步步为营，曹军倍感吃力。第一，多日行军，士卒疲惫，无法立即迎战。第二，兵力太少，满打满算也只是两万有余，粮草供应仅依赖于许都一处，但是许都存粮严重不足。针对此种情况，速战速决是正确选择。两军完全相悖的策略,只能看谁更有耐心,谁能笑到最后,谁便能赢得最后的胜利。

然而屋漏偏逢连夜雨,本就有压力的曹军,面临的形势越来越严峻,曹操焦头烂额,心烦意乱,一面要抵挡袁绍的步步紧逼,一面还要应对新的挑战。

在白马之围中,挥刀斩颜良的关羽,是一头倔驴,无论曹操如何拉拢,都留不住他要离去的脚步,得知刘备在袁绍营中,便毫不迟疑地带着刘备妻儿,和刘备会合去了。曹操在关羽身上浪费了不少心血,终究是留不住他,关羽忠义之风让人佩服,曹操惜才爱英雄,仗义放行,更让人感叹。

关羽离去,曹操固然伤感,却有更大的挑战正一浪一浪扑向曹操,让曹操应接不暇。江东传来消息,威震天下的少年英雄孙策遇刺身亡,这对于曹操来说,无异于五雷轰顶,曹操的如意算盘被打破了。

曹操对孙氏在江东发展势力一向纵容,并不是对孙策存有好感,深层原因乃是以孙策牵制荆州刘表。孙策一去,刘表毫无顾忌,正值曹操与袁绍打得不可开交,是刘表把黑手伸向许都的绝好时机,如此,曹操前有虎,后有狼,如何应对?许都一失,曹操将面临着灭顶之灾,多年的苦心经营付之一炬,怕是会死无葬身之地。

如此严峻形势,曹操却来不及多想,就面临袁绍又一次的进攻。袁绍性子急,取胜心切,见曹操始终无举动,便再次主动出击，他命人在曹营外堆砌了一座座土山，高有数丈，士卒居高临下，能见曹营之中人头攒动。这日，曹操正在帐外练兵，一阵箭雨突然袭来，惊慌失措的曹军，顿时乱作一团，挣扎着往营帐中躲去，没来得及躲闪的多被乱箭射死，死伤无数。一时间，曹军中消弭的恐袁情绪重新抬头，并风靡起来，人人自危，出门都得身带盾牌护身。

兵来将挡，水来土掩，曹操紧急召开会议，制定出应对策略。曹操命人与袁绍相对，也同样筑成土山。但是，仅仅筑成土山，只能作为防御之用，还不能对袁绍构成威胁，曹操命人赶制一批发石车，以发石车的威力将袁军的土山一个一个摧毁，再以其人之道还治其人之身。

曹操的计策无疑十分成功，曹军在发石的同时，更以击鼓助威，士气大增，而袁军土山一个一个被摧毁不说，更是感受到了曹军的威力，在气势上就被压倒了。

在两军对峙中，双方小打小闹，各有胜负，却无伤大局，只是曹操的眉头越皱越紧，唉声叹气的次数也越来越多，曹军中粮草已经不多，这消耗战是打不起的，但是，实力上又难以与袁绍决一死战，真是进退维谷。曹操本就粮草不足，袁绍却命越骑司马韩荀率领精兵偷袭运粮部队，更将许都与官渡之间的运粮通道切断，这对曹操来说无异于雪上加霜。

一路不成，另寻他路，曹操想到汝南，这里是黄巾军刘辟、龚都的地盘。曹操掌握汉室大权以后，这二人均归顺。汝南一块肥田，曹操在这里作为屯田的试验地，初见成效，此时是他们该效忠的时候了。曹操命人去要粮草，却遭遇了闭门羹，曹操气急败坏，大骂刘辟、龚都忘恩负义。当然，不管曹操如何将二人骂得狗血淋头，只能是逞口舌之快，根本是无力征讨的。

兵马未至，粮草先行，多少著名的将领为了吃饱饭的问题伤透了脑筋。如今在官渡的这种窘迫的状况，与当时曹操在兖州与吕布进行鏖战的时候有过之而无不及，何况曹操面对的不是那个有勇无谋的吕布，而是有着极高名望和一大群谋士的袁绍。如若不是这样，始终充满着过于常人自信的曹操肯定不会选择去向那些黄巾军寻求粮食。本来拉下脸去借这就已经是对曹操的羞辱了，却又没有借到，这就更加深了曹操"虎落平阳被犬欺"的尴尬之感。

这样的状况对曹操来说无疑是致命的。本来兵力就没有袁绍那样雄厚，战斗力也比不上袁绍的军队，虽然自己有着"十胜十败"论的理论支持，但是理论永远不能当饭吃，要打仗首先要解决吃饭的问题才成，这样，原本的军事问题就演变成了粮食问题，进一步变成了是去是留的问题。

眼看军中粮草一日比一日少，士卒不堪重负，曹操却无计可施。如此下去，迟早是要败北，曹操如此想着，便萌生了撤兵的念头。留守许都的荀彧不愧跟随曹操多年，在关键时刻挺身而出，给曹操快马寄来鼓舞信，分析形势，将袁绍与曹操一番对比，对曹操一番恭维，却句句属实，句句在理，曹操如醍醍灌顶,茅塞大开,坚定了抗战到底的决心。荀彧在给予曹操信心和鼓舞的同时,更是加强粮草护送人手,历尽千难,将粮草送至军营。

两军相持,均无法占据优势,此时曹军若是撤退,与败北无异,袁绍必定会乘势追击,战争仍难以避免,反倒是落于挨打的被动局面。战争中的成败往往取决于一念之差,两军相持,若能抱着再坚持一下的信念,战局很可能就会扭转。

曹操从踟蹰中走出,以崭新的面目再次投入到战争中。然而老仇敌刘备,再次挡住了去路,成为曹操的眼中钉、肉中刺。

刘备的骚扰

曹袁对峙官渡,兵力悬殊,袁绍有十几万大军,而曹操满打满算兵力两万有余。一番小打小闹,战争进行到对峙阶段,曹军十之二三已是伤残。而袁绍则在官渡不远处筑成几十里的营寨。

曹营中笼罩着死气沉沉的氛围,就连曹操也几次欲打退堂鼓,均被荀彧劝阻,军粮短缺仍旧是一个难以解决的问题,为缓解军粮,加重对百姓的赋税负担在所难免,况且连年的战争已使百姓痛不堪言,反叛风起云涌。面临曹袁力量对比悬殊,曹军之中,更有"识时务者"叛变,加入袁绍的阵营,其中影响较大者乃是刘辟等人的叛乱,致使曹军军心动摇,人心不稳。

刘辟,是东汉末年黄巾军将领,率万余人盘踞在豫州汝南一带曾依附于袁术,袁术大败以后,归降曹操。曹操自此实行屯田制，收效甚好，民富兵强。曹操在官渡之战中甚是吃力，通往许都的运粮路被袁绍切断，便向刘辟征粮，刘辟见袁绍兵强马壮，胜利在即，便反叛了曹操，转向袁绍。

汝南有众多支持袁绍的势力，乃因汝南本是袁绍老家，袁氏家族的关系网密布，更有许多门生故吏遍布，而袁绍的这些关系网无不拥有武装力量，刘辟一反，这些小的武装力量便联合起来，成为袁绍的后方基地，同时也威胁着曹操的后方基地——许都。

刘辟率领游击部队，时不时给曹操后方许都出其不意的骚扰，虽构不成大的威胁，却始终是隐患。袁绍则在前线，率领主力部队与曹操斗智斗勇，曹操本就兵力不足，再加上两者兼顾，更加难以应对，倍感吃力。更让曹操感到火上浇油的是，袁绍命令刘备前往汝南与刘辟会合，以趁曹操无暇顾及后方之时，袭击许都，可与袁绍遥相呼应，形成南北夹击之势。

刘备投奔袁绍以后，为袁绍出谋划策，更将曹操军情以实相报，袁绍甚是得意。但在白马城之战中，关羽杀袁绍大将颜良，袁绍心痛不已，本想斩刘备泄气，但闻刘备可召关羽前来，袁绍想能得关羽也算是美事一件，便让刘备随文丑一同出征，追杀曹操。文丑打前锋，刘备断后，听闻文丑被乱刀砍死，聪明如刘备，哪里还会去送命，于是仓促回营，算是捡回了一条命。

刘备善于煽动民众，又有仁义之名，入汝南以后，深入基层，将众多地方武装纳入自己麾下，当然也有部分人，不为所动，阳安都尉李通就是一个强硬派，无论如何拉拢，就是死扛到底，曹操听说以后，甚是感动。

刘备与刘辟及袁绍地方门生故吏密切配合，虽实力不大，却足以引起曹操的重视，毕竟许都是曹氏的命根子，命根子毁了，一切都烟消云散了。在刘备的带领下，联合军时不时打游击，威胁许都安全。后院出事，曹操忧虑万分，守官渡还是保许都，这本就是一个问题的两个方面，官渡要守住，许都更不能失，两者若失其一，必定二者皆失。

从弟曹仁见曹操面露忧虑，便主动请缨，去攻打刘备。曹操也毫不犹豫，应允了曹仁。刘备在汝南滞留越久，威胁越大，趁刘备还未在汝南站稳脚跟，一举灭之，以绝后患。况且刘备新入汝阳，还未与士卒打得火热，击败他倒是容易些。

曹仁不愧被称为曹魏开国名将，入汝南，不久就将刘辟的防御击破，刘辟在保卫刘备过程中阵亡。刘辟反叛曹操，却为保刘备而亡，此时的曹操乃是可与袁绍争锋的一方英雄，而刘备却是一个丧家之犬，狼狈投奔袁绍的小人物。所谓士为知己者死，看来刘辟是被刘备的个人魅力所折服。其实，刘辟如何死的，正史中并无记载，说刘辟为刘备而死实为演义中的记载。此为后话，且说曹仁出马，刘备被打得落荒而逃，去袁绍处求救，袁绍派韩荀来救，又被曹仁击败，汝南及其周边各郡县再次投奔曹操，袁绍至此专心于前线，不再骚扰许都，曹操的后顾之忧解决了。

若是曹操自认为许都从此可以高枕无忧，那就错了，袁绍安分了，还有一个人，正憋着一肚子气。刘备但凡得意，总是被曹操搅乱，心中与曹操决一雌雄的念头一日比一日强烈，便寻得了一个机会，再次回到汝南，继续在曹操后方作乱。

刘备的这一决定，对曹操来说，无异于厄运降临，后院再次起火，令曹操顾此失彼。刘备回到汝南，但见反曹势力锐减，最后联系上了黄巾军在汝南的另一个首领——龚都。龚都是刘辟的同僚，拥有部众万人，刘备与他汇合后，在曹操的后方不时骚扰，曹操虽有所顾忌，终因要全力与袁绍作战而无法讨伐，所幸刘备势力单薄，虽有攻入许都的野心，却无这个实力。

刘备预想中的对曹操南北夹击的局面终究没有形成，刘备无力入许都，就在汝南驻军，暂时安顿下来，以其仁义之名，笼络兵马。曹操的全部兵力都聚集于官渡，又要武力平定叛乱，见刘备成不了大气候，也就没有放在心上。

曹操统治区域，为征收军粮而使百姓负担加重，闹得人心惶惶，曹操为安定民心，停住正在收缴粮赋的黑手，并将已经收缴的多余粮赋归还百姓，百姓既得实惠，便不再作乱，局面很快就稳定下来，曹操的后方得到保障。

话说刘备在汝南的存在，对曹操许都始终是个隐患，曹操稍得空闲，便将兵力分散到汝南，此次入汝南的是曹操手下的一员猛将——蔡阳。

蔡阳擅使大刀，刀法极其精湛，可谓天下用刀名家，更兼力气巨大，有万夫不当之勇。蔡阳入汝南之时已年过六旬，本该颐养天年，但曹军之中兵力短缺，将领也不足，便将退休的蔡阳拉上了战场，但看那蔡阳手持大刀跨于马上，神勇不减当年。只是，任谁也没有想到，这是蔡阳的最后一次威风，他遇到一个强劲的敌手，刚刚从曹营出来的关羽。

关羽身在曹营心在汉时，曹操以上宾待之，以厚礼予之，仍旧不能打动关羽那颗忠义之心。在白马城之战，飞马斩颜良，关羽立下了赫赫战功，算是报了曹操的知遇之恩，留下曹操所赠之物，写下一封辞别信，便保护着刘备妻儿，去袁绍处寻找刘备。

听闻刘备被袁绍派去汝南，关羽马不停蹄往汝南方向奔去，不久，碰到了张飞。关羽、张飞二人分开多时，此时在此重逢，关羽心情特别激动，顿时眼眶泛红，泪水已经泛滥，关羽张开手臂，本想给张飞一个深情的拥抱，不想却被张飞拒绝，眼中满是鄙夷与怀疑的神情，让关羽倍感伤心。

关羽知道张飞心中所想，却百口难辩，归降曹操之事，实属无奈，一遍一遍地诉说，仍难以让张飞信服，恰在这时，蔡阳率领军队来攻，这让关羽的处境更加尴尬，关羽感慨一声，没了法子。倒是张飞想了个法子，城门之上，张飞三击鼓，若关羽能将蔡阳斩杀，便可证明关羽之忠心，若不能，则已入曹操麾下，从此兄弟恩断义绝，他关羽继续走他的阳关道，他张飞还走他的独木桥，从此形同陌路。

既有一线生机，关羽也是不会放过的，关羽以激将法使蔡阳将身边士卒支开，二人单打独斗，平分秋色，但听两通鼓声已过，仍旧胜负难分，关羽也顾不得什么光彩不光彩，以声东击西之策，分散了蔡阳注意力，片刻之间将蔡阳斩于马下。蔡阳既死，张飞便相信了关羽，让其进城，转身却见蔡阳那马，嘶鸣一声，往水塘走去，竟然自杀殉主了，关羽见此，不免心中有愧，后来将蔡阳与马一起厚葬。

这段故事也成了后来的一段佳话，成为了赞扬关羽忠义精神的众多故事当中的重要组成部分。更是在后来在罗贯中的《三国演义》当中被演绎成了"过五关斩六将"的经典故事，最后三人在古城相会相拥而泣，更是在《三国演义》当中少有的关于兄弟情感的表达。这也从另外的一方面说明了古往今来对于忠义这样一个传统道德的重视程度，关羽也因为他这个"身在曹营心在汉"的举动成了古代中国忠义的典范。

兄弟我来了

人是铁，饭是钢，一顿不吃饿得慌。曹营之中，曹操见粮草日益减少，却无供给，眉头紧锁，如此下去，这仗如何打下去，曹军人少马瘦，一人要承担多人劳动，士卒本就劳累不堪，若是粮草供应不上，即便不被袁绍攻城而败，军中也会起内乱而散。

曹操退缩了，之前一波一波的打击都被曹操咬紧牙关，挺过去了，但是袁绍截断了许都与官渡的运粮道路，而其他地方的供给又指望不上，此番，曹操确实是无计可施了。荀彧的快马回书，让曹操重拾信心，许都历尽千难送来的粮草解了燃眉之急，但这也是许都的家底了，粮草问题仍是个亟待解决的难题。最后，曹操一狠心，放了一句"袁绍逼人太甚"的狠话，走上了土匪的道路，竟然打了劫粮的主意。

袁绍后方基地较多，兵多马壮，需要的粮草供给也多，所以运粮之事就更加频繁了。既然起了抢劫之意，曹操就对袁绍的粮草运输队伍上了心，时时派人侦查。这日，曹操手下将领徐晃抓获了一名袁绍的探子，一番糖衣炮弹，此人交代，袁绍大本营邺城方向有一队运粮车马往官渡方向赶来，曹操的警觉性立即被调动起来，在派人抓好官渡防御的同时，立即将注意力转移到这一行运粮队伍身上。曹操派去的侦察兵来报，袁绍军粮车少说有两千辆，负责押送的是袁绍大将韩荀。

曹操大喜，两千余辆粮草，这对将要面临饥饿的曹军来说，无异于是一块大肥肉，曹操立即部署劫粮事宜。

曹军全部集中于官渡防御上，能够派出的不多，所以就要以最小的代价换取最大的胜利。时袁绍麾下有五员大将，被称为四庭一柱，四庭是颜良、文丑、张郃、高览，那一柱就是韩荀。颜良、文丑在白马城一战中毙命，袁绍以韩荀护送粮草，可见对此次粮草运输十分重视。这韩荀，骁勇善战，勇猛无敌，是个难对付的主。

对韩荀，就要找到他的弱点，荀攸一语道破韩荀不足之处，"有勇无谋、恃勇轻敌"，既然如此就要找个有勇有谋之人去应对，荀攸推荐徐晃。

徐晃，是曹操手下的一员经验丰富的大将，战功卓越，智勇双全，熟读兵法，擅长治兵之道，被曹操称为"有周亚夫之风"。更难能可贵的是，徐晃忠心耿耿，对曹操毫无二心，他曾无比自豪地说"古人患不遭明君，今幸遇之，当以功自效，何用私誉为！"

曹操一听徐晃之名，便点头应允，他对徐晃是有信心的。曹操以徐晃及其部下史涣为先锋，率领轻骑兵以迅雷不及掩耳之势，拦截韩荀。韩荀虽武功盖世，心思却极不缜密，根本毫无察觉敌军正在渐渐逼近，等察觉时，已经被打了措手不及。曹操对此次劫粮极其重视，恐徐晃兵力不足，又以张辽与许褚断后，二者互为呼应。史涣则带领小部队在主力部队的掩护下，偷偷溜到韩荀的后方，韩荀大意，只是与前锋徐晃斗争，丝毫没有察觉到后方威胁。

但毕竟袁军众多，曹军若要全身而退并得粮草而归，实属不易，徐晃便命令史涣在韩荀后方放了一把火，韩荀见辎重着火，又无法分身，火势渐大，战局已无法挽回，便寻了个机会，一溜烟跑掉了。徐晃率领部队一番打劫，能带走的就带走，回去复命去了。此番劫粮计谋，虽然没有达到预想中的结果，却也将袁绍的嚣张气焰浇灭了不少，袁绍阵营中更是矛盾重重，面临分化的危机。

袁绍谋士许攸屡屡提议均被扼杀，倍感生不逢时，更无用武之地，又逢家人被收押，一肚子怨气化为仇恨的力量，一怒之下，一不做二不休，投奔曹操去了，袁绍听说许攸投奔曹操，顿感全身无力，悔不当初。这许攸不就是做了第二个刘备吗？当初刘备来投，将曹营之中种种，滔滔不绝，娓娓道来，可谓是让胜算增加了不少,在这官渡之战的关键时刻,许攸愤然离去,对于袁绍来说,真是凶多吉少。

曹操与许攸毕竟有旧交情,对许攸之智谋甚是欣赏,早就有挖墙脚之心,在这曹、袁两军对峙的关键时刻,许攸来投,曹操感动得热泪盈眶,几近泪流满面,光着脚丫子就跑出去迎接,我们暂且不论曹操在礼数上的失态,这足可以看出曹操的欣喜若狂,以至于失了礼数。

曹操对许攸嘘寒问暖,许攸在袁绍处倍感冷落,此时受如此待遇,不免心头一热,当即下定决心要为曹操效犬马之劳。曹操待许攸为上宾,许攸也不让人失望,当即献上了大礼。于是就有了如下一番对话:

攸谓公:袁氏军盛,何以待之?今有几粮乎?

曰:尚可支一岁。

攸曰:无是,更言之!

又曰:可支半岁。

攸曰:足下不欲破袁氏邪?何言之不实也!

公曰:向言戏之耳。其实可一月,为之奈何?

攸曰:公孤军独守,外无救援而粮谷已尽,此危急之日也。今袁氏辎重有万余乘,在故市、乌巢,屯军无严备;今以轻兵袭之,不意而至,燔其积聚,不过三日,袁氏自败也。(《三国志·魏书·武帝纪》裴松之注引《曹瞒传》)

曹操一听袁绍有军粮万余乘,顿时红了眼,这乌巢劫粮之计也妙到好处,曹操见军中诸人对许攸心存芥蒂,也并不介意,他是知道许攸的,更有言,用人不疑疑人不用,曹操断然采取行动。

袁绍这边,韩荀护送粮草,却被曹军烧掉,但是军中无粮,也不是长久之策,便再次派大军运输粮草。此次,粮草供应地是冀州,目的地是袁绍大营以北的乌巢,负担此次护送任务的是淳于琼,袁绍派一万多人马随行,这可是袁军的老本了,若是没有这些粮草将命不久矣。

沮授心思缜密,上次粮草被袭的事情历历在目,害怕曹操故技重施,再次劫粮,便向袁绍提议再加派人手保护,以防万一。袁绍是个很不长记性的人,警戒在他那里鲜有成效,自认为天下聪明唯他,将旁人的话均当作耳边风,很快他就尝到了恶果。

曹操预料到此次劫粮对曹袁二军来说,是一个关乎成败的转折点,只能成功,不允许失败。曹操令曹洪与许攸驻守官渡,亲率五千步兵,在一个伸手不见五指的夜晚,抄近路,往乌巢奔去。

此次入袁营,曹操命令士卒乔装打扮一番,手持干柴与大刀,然后打着袁军的旗帜,在乌巢屯粮地点燃柴草,熊熊大火顿时照亮了漆黑的夜空。睡眼朦胧的袁军惊醒,惊慌失措,一时不知该如何是好,哪里还有救火的心思。

淳于琼片刻镇定,立即率领士卒迎敌,却不知曹军乔装打扮,根本无法辨认,淳于琼只得率领士卒退回营中,另做打算。袁军援兵闻讯赶来,近在咫尺,曹操势在必得的信心,让其仍专注于进攻淳于琼,最终在袁绍的救援队伍赶到之前将乌巢攻下。

火烧乌巢是整个官渡之战当中的重大转折,由于有了许攸,使曹操知道了袁绍军中最为重要的情报——粮草的信息。这正是曹操梦寐以求的一项重要的资源。毕竟如果兵少还可以搏,而如果粮少,那么随着部队士气的下降等待着曹操的不是兵变就是失败的命运。但恰巧这时候袁绍不听他人意见一意孤行的老毛病又犯了,与其说这次火烧乌巢的成果是曹操在战略上的成功,不如说是袁绍在用人方面的失败所导致的。

作为袁绍重要谋士的沮授曾经几次向袁绍说明过粮草的问题,但袁绍却不为所动,而且袁绍的一意孤行也直接导致了许攸的叛变。至此,人心的向背再一次决定了战争的走势,这样的一个战争当中致命的转折点为曹操的胜利带来了曙光,也为袁绍敲响了丧钟。

自此,局势大变,曹操转被动为主动,胜利在即,而袁绍,等待他的是土崩瓦解、命丧黄泉的悲惨命运。

袁绍殒命

乌巢熊熊烈火,火光冲天。金灿灿的粮食瞬间被大火吞噬,曹操被传来的麦香所陶醉,曹军之中粮草如此缺乏,若能够据为己有那该是多么美好的畅想,阵阵厮杀声在曹操耳边响起,瞬间的走神后,思绪立即回来,现在不是想这些的时候,当务之急是把淳于琼解决,将乌巢攻下。

袁绍听闻粮草被烧,仍处在浑浑噩噩的麻木状态,并不认为自己已经大祸临头。对于粮草被烧这么重大的问题并未充分重视,只派一股骑兵前去支援,自己则打起了另外的主意。曹操兵力两万有余,此时正率领五千精锐攻打乌巢,那么驻守官渡的满打满算有一万五千士卒。官渡战线极长,绵延几十里,用这剩余的一万五千士卒防守官渡,势必困难重重,趁此时机将官渡一举拿下,曹操别无他法,只能束手就擒。想到这如意算盘，袁绍不禁窃喜，派大将张郃、高览二人攻打曹营，袁绍坐守大营，满脸挂笑，似是手擒曹操势在必得。

若人人都能够梦想成真，这世间就没有忧伤与痛苦了，但人生十之八九却在不如意中度过，袁绍的如意算盘打得再妙，也抵不过现实的残酷。曹操五千精锐，在袁绍的援军还未到达之前将乌巢拿下，将淳于琼生擒。

乌巢拿下，曹操心中挂念着官渡，袁绍已经派两员大将率领重兵攻打大营，大营人少粮缺，岌岌可危。曹操马不停蹄，迅速往官渡赶去。幸好，曹军在官渡防御做得坚固，张郃、高览攻打官渡，久攻不下，战斗力大大消耗，信心大减，又闻曹操兵马归来，势必对其造成内外夹击之势。继续攻打还是撤退，张郃、高览二人踟蹰难决，就在他们犹豫之时，曹操的马蹄声已经隐隐可闻，这二人进退不得，干脆心一横，投降了曹洪。

张郃、高览二人可谓是袁绍军中除颜良文丑之外数一数二的两员战将。尤其是张郃。张郃曾经应募参加镇压黄巾起义，后来归属冀州牧韩馥作为军司马。初平二年（公元191年），袁绍取冀州，张郃便率兵投归，任校尉。后来又因为在袁绍与公孙瓒争夺北方主导权的时候有重大的立功表现，因此得到了袁绍的重视。张郃也是当时最早提出来应该用重兵守护乌巢这个粮草重地的将领，但是无奈于袁绍的老毛病，建议没有被采纳。如是，这次的投降也可以说是其因为气愤袁绍的倒行逆施不听忠言而做出的悲愤之举。

曹操归来，见张郃、高览归降，心中欢天喜地，惜才之情顿时泛滥，亲自接见了二将，礼遇待之。再看那被捕的淳于琼，曹操见他狼狈不堪，鼻子也被人割去，心中不免感慨万千，念及旧情，便想开恩，放他一条生路。

说到这曹操与淳于琼的交情，还要从汉灵帝中平五年（公元188年）说起。当年，淳于琼被任命为右校尉，与蹇硕、袁绍、鲍鸿、曹操、赵融、冯芳、夏牟并称西园八校尉，只是后来形势所迫，各为其主，淳于琼成了袁绍的部将。

曹操念及此，一时起了恻隐之心，在侧的许攸却是个狠心的主，一句"明旦鉴于镜，此益不忘人"将曹操驳得哑口无言。世道如此，许攸所虑可谓是绝后患，淳于琼遭受割鼻之屈辱，又是刚硬之人，若是饶他性命，日后不知会如何。曹操见如此，也就命人将淳于琼杀掉。而这许攸从这里就显现出他俨然以官渡之战帮助曹操夺得胜利的功臣自居，竟然能够随意地处理以前曾经和自己相共事的将军的命运，只是为了自己能够登上高位，此人心肠之狠毒可见一斑，这也就预示着此人未来不会有什么好下场。

许攸在曹操平定了整个北方之后便屡屡口出狂言，经常大声叫喊，狂放不羁，最终被曹操手下的大将许褚所斩杀，曹操只是"深责"许褚并不以为意。就这样许攸走完了他的一生。许攸做的事充分警醒着世人，即便是自己有恩于他人但也绝对不能够因为这点恩德就抓住人家不放，希望人家一辈子都来报答自己，这样的恩德并不是恩德，而只不过是自己为了达到目的所做出的施舍罢了，如此品德之人最后是不会被别人瞧得起的，此为题外话。

袁绍营寨中，弥漫着让人透不过气的气息，事情的发展已经超出了袁绍的预期，许攸离去，无以计数的粮草被烧掉，乌巢被曹军攻破，张颌、高览投降曹操，淳于琼被杀，这一连串的打击让袁绍绝望了。曹操弱于袁绍数倍的兵力，将袁军打得兵败如山倒，这是如何的惨败。过去是曹操兵弱缺粮士气不稳，而现在换作袁绍为了自己的饭碗问题而忧愁了。恐慌情绪在士兵当中不断蔓延，毕竟没有人愿意在这种毫无后勤保障的战争当中去进行拼杀。面对这样的败绩，袁绍已经没有作战的信心了。

胜者为王，败者为寇，愿赌服输，袁绍承认了自己的失败，他率军撤退了。但是，曹操的目标却不在此，打败袁绍不是最终目的，让袁绍永无翻身之日才算是最终的胜利。曹操的大军一扫往日的阴霾，个个站得腰板挺直，反攻的时候到了。

曹操制订了乘胜追击的计划，便马不停蹄率军往袁绍撤退的方向追去，袁绍及其子袁谭率领八百士卒渡过黄河逃奔而去，其他人皆被曹操生擒。受降者收纳之，不归降者杀之，袁绍的谋臣沮授被擒，拒不受降，曹操因与之有旧情，便亲迎，想收为己用，沮授大叹一声，"本初无谋，不相用计，今丧乱未定，方当与君图之。"曹操感慨,"孤早相得,天下不足虑也"。沮授虽不肯屈服,曹操爱其才,赦免了他,但是沮授乃是忠义之士,日日寻思回袁绍处,曹操无奈,害怕纵虎归山,终成后患,就把他杀了。

袁绍及其子率领残兵到了黎阳,曹操一时也过不了河,袁绍总算是舒了一口气。但是官渡的惨败,给袁绍留下了阴影,袁绍一生清高自傲,每想及此,心中抑郁不已,不免忧劳成疾,强撑了两年,吐血而亡。

姑且称为是一代英雄的袁绍就这样离开了这个他所征战了一辈子的世界。对于袁绍的评价只能用四个字:优柔寡断。袁绍这个人在本质上并不坏,并且在执政方面并没有太多的失误,在他死后甚至出现了整条街巷的人都为袁绍哭泣的景象。

可以看到,袁绍在当地的民众中间还是有着相当声望的。但是人缘声望这些东西只不过是一个英雄可以称之为英雄的补充条件而不是必要条件,最最必要的决断力上袁绍比不上曹操,这就导致了他在官渡之战当中整个的指挥和部署出现了一连串的问题。再加上他过于自傲的性格特点让他自己走上了一条不归路。陈寿在《三国志》当中这样评价袁绍:"袁绍咸有威容、器观,知名当世。绍外宽内忌,好谋无决,有才而不能用,闻善而不能纳,废嫡立庶,舍礼崇爱,至于后嗣颠蹙,社稷倾覆,非不幸也。昔项羽背范增之谋,以丧其王业;绍之杀田丰,乃甚于羽远矣!"在这之中,陈寿将袁绍与一代霸王项羽相提并论可以说是十分恰当的。两个人都是享有极高的声望，都拥有者不错的实力，可都是在用人以及优柔寡断上出了太多的问题终至失败。袁绍的霸业也就此停在了历史当中，只能给曹操在北方的全面崛起做一个小小的注脚了。

只有假遗嘱才是遗嘱

当时，各地方军阀实际上已经彻底将中央政府完全架空。因此，地方的类似于州牧之类的官职就不能再由皇帝直接委派了。这也就造成了州牧自行选择继承人的状况，当继承人确定继位之后，再向朝廷上表，朝廷再在形式上册封一下就可以完成这整个的继任程序。因此，袁绍死后袁绍的儿子自然成了袁绍的继承者，而究竟谁来当这个继任者，成为了当时袁氏残余势力最重要的一个问题，如果这个问题解决不好袁家真的要被消灭得干干净净了。

但是事实却不能让袁家的子孙们满意。袁绍撒手归西，却留下了一个烂摊子给子侄。袁绍死了，也不让人安生，袁绍没有立下遗嘱，谁来继承大业成了一个争论纷纷的话题，为此，引起了内乱，发生了兄弟互相杀戮的惨剧。袁绍尸骨未寒，若泉下有知，该是怎样的自责。

袁绍有三个儿子，袁谭、袁熙、袁尚，前两子是正妻所生，第三子袁尚是袁绍后妻刘夫人所生，袁绍正妻早死，没有娘的孩子就是苦，袁绍宠爱刘夫人，爱屋及乌，对袁尚也是宠爱有加。

袁谭纯粹的武人风格，雷厉风行，脾气火暴，很早就出征打仗，战功赫赫，在军中颇有威望。袁熙就不值一提了，完全没有继承他父亲的风范，性格懦弱，难当大任。袁尚长相俊美，自小甚得宠爱，在父亲亲力亲为的教导下，倒是学会了一些驾驭臣子的方法。

袁绍坐拥四州以后，将袁尚带在身边，而把袁谭分到青州坐镇，其心思人人尽知，袁绍是想让袁尚接替自己的位子。古有立嫡长子为继承人的规则，袁谭被立为合法继承人合情合理，此时，袁绍按着自己的性子行事，难免会惹人非议。沮授第一个站起来提醒袁绍，毕竟都是亲生儿子，袁绍也不愿意让人认为他一碗水端得不平，就以让儿子锻炼为由相敷衍。

眼看日子一天天过去，袁绍的身体也一日不如一日，立遗嘱之事，势在必行，是躲不过的。但是，袁绍又是一个随心所欲之人，不愿意做违背自己意愿之事，再加上刘夫人不时吹耳边风，袁绍立袁尚为储的意愿越来越强烈。但无数双眼睛都在看着，袁绍也不敢堂而皇之将袁尚立为继承人。

袁绍心烦意乱，总该想个名正言顺有如自己意的法子。这日，袁绍虽一脸疲惫却心绪极佳，昨夜一宿未睡，收获颇丰，他想了一个极妙的主意，迫不及待想要付诸实践。袁绍这法子说出来不禁让人感叹，高，实在是高。

原来，袁绍是要把大儿子袁谭过继给自己的大哥，如此一来，这袁谭就没有了继承资格，这真是一个绝妙的毒计。但是，计谋虽好，终究是大事，总要跟群臣们打个招呼，商量商量，此话一提，便在群臣中炸开了锅，你一言，我一言争论不休，这么一拖就拖到了袁绍归西，遗嘱没有立下，袁绍就撒手走了，这下事情变得棘手了，群臣争得更加不可开交了。

群臣分为两大阵营：支持袁谭者与拥戴袁尚者。支持袁谭者以辛评和郭图为代表，他们坚持立长的传统。拥戴袁尚者以审配和逢纪为代表，他们不是认为袁尚有什么过人的能力，而是因为与袁谭关系僵硬，若是袁谭掌权，必定得不偿失。而审配与辛评和郭图也是一对官场死对头，前不久，审配儿子在官渡之战中被曹操俘获，辛评和郭图曾以审配必反上告袁绍，幸得逢纪在旁辩护，审配才免于难。

审配自知若是袁谭掌权，必定遭遇辛评与郭图报复，那时将死无葬身之地，而按照常理，又必然会立嫡长子为继承人，审配性命难保。因此审配连夜与袁绍遗孀刘夫人制造了一份假遗嘱，把袁尚推上了继承人的位置。

就这样，一帮佞臣的擅自决定，使得袁绍"废长立幼"成了现实。这在古代是一个相当大的忌讳，既然做出了这种选择，那么两兄弟公开撕破脸皮就是不可避免的事情了。

袁尚被立为新继承人,群臣一片哗然,而最为气愤难当者当属袁谭,兄弟相争一触即发。当此之时,曹操却等来了最有利的时机,发动了新一轮的战争,一场灭顶之灾即将到来。

第三章

祸起萧墙：难收拾的烂摊子

嘉慶御覽之寶

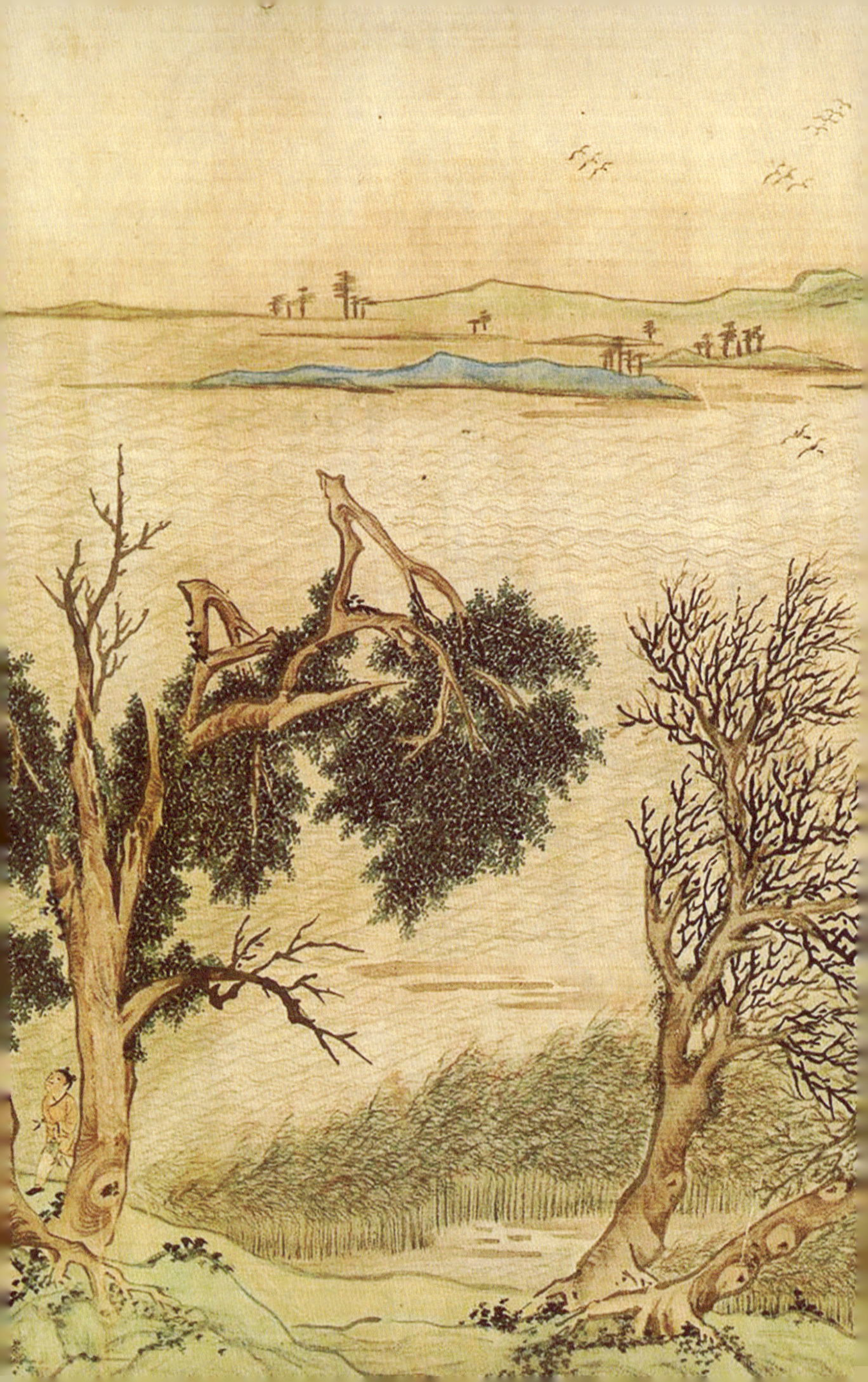

暂且放你一马

当日,袁绍率军撤退,曹操乘胜追击,袁绍一路狂奔,渡过黄河,只剩下八百骑兵,狼狈往邺城而去,这里才是避难的港湾。曹操追至黄河岸边,审时度势,认为此时不是一举灭袁绍的最佳时机,便打道回府了。曹操的考虑可谓细致,一来,士卒连日作战,已经疲惫不堪,况且一再追击,粮草问题难以解决。二来,袁绍虽受到重创,但是瘦死的骆驼比马大,曹操北渡取胜的把握并不充足,保守起见,还是将在后方骚扰的刘备解决掉再说。

刘备自从再入汝南,便在此扎根,与当地的黄巾军联合起来,大打游击,骚扰曹操后方基地许都,更是痴心妄想惦记着汉献帝这块肥肉。曹操不胜其烦,令大将蔡阳率军去攻,却不料被关羽一刀砍于马下。因在前线与袁绍的战事连续不断,曹操暂且将精力放在了官渡，刘备却趁此时机，加大了在后方的骚扰力度，是可忍孰不可忍，曹操被惹急了，非要给刘备一点颜色看看。

曹操对付袁绍十几万大军，尚且游刃有余，将他打得狼狈北逃，便认定刘备更是小菜一碟，起初并没有放在心上，便派了夏侯惇和夏侯渊二兄弟去破刘备。这刘备虽兵力有限，智谋却比袁绍高明百倍，身边更有关羽、张飞、赵云三个智勇双全的猛将。再者刘备在汝南扎下根，以刘备之仁义，自然给予老百姓些实惠，把当地百姓哄得乐呵乐呵的，朴实的老百姓最懂得投桃报李，凡是能用得上的地方，任凭刘备一句话，便一拥而上，能被老百姓拥戴到如此地步，可见刘备的能耐确实不一般。

夏侯惇和夏侯渊二兄弟初入汝南，对地形极其不熟悉，不想有个当地百姓自愿做向导，夏侯惇和夏侯渊心地单纯，不疑有他，一口同意，脸上均带着感激的神色，当刘备带军气势汹汹而来之时，才发现已经被包围，中了埋伏。曹军被打得不成形，夏侯惇和夏侯渊冲出重围，快马加鞭往曹营逃去。

曹操不愧是大度之人，不但没有怪罪夏侯惇和夏侯渊，反而将责任揽到自己的身上，令夏侯惇和夏侯渊惭愧不已，心中更是洋溢着尽忠报恩的念头。曹操在用人上，堪称一绝，不得不让人佩服。如若袁绍能有此能耐与大度，将天下纳入脚下那也未可知，只怪金无足赤，人无完人。

汉献帝建安七年（公元202年），这年金秋时节，曹操大军粮足马肥，养精蓄锐，终有一用，曹操准备入汝南，亲征刘备。曹操亲征的消息传来，刘备慌了神，想到的只有逃命，溜之大吉。曹操与刘备这一对欢喜冤家，很是有意思，曹操命手下将领率军攻打，刘备总是斗志昂扬，总能打个胜仗，而曹操亲自一来，刘备就连打的勇气都没有了，想到的唯有逃命。

刘备这一招，确实是保存实力的无奈之举，刘备几斤几两自己最清楚，而曹操的智谋、领军能力，刘备也是亲眼目睹过的，自然也清楚，一旦两军兵戎相交，刘备无异于拿鸡蛋去碰石头，自找苦吃。如此一来，实力大减，更难以预测的是，项上的脑袋能不能保得住还是个问题。曹操对刘备那是痛恨至极，若擒住他，必定不肯放刘备生路。思量再三，刘备不等曹操攻来，便认输了。

袁氏家族内讧风起云涌，以当今之形势，东山再起难上加难，前途渺茫，不是可以与之共事之人。荆州刘表，虽一直沉寂，却也是小有实力。曹操正与袁氏家族干得起劲，一时也不会向刘表下手，逃亡刘表处倒是安全可靠。况且，刘备与刘表又是同宗，刘表应该念及旧情。刘备想及此，又闻曹操大军将至，便不再迟疑，策马带着兄弟往荆州方向奔去。

曹操见刘备投奔刘表，心中对刘备的狡猾至极无不感慨，当初一念之差,放虎归山,为自己真是惹了不少麻烦。长叹一声,领兵回家休养生息去了。刘备到处混饭吃,混到了刘表处,这刘表历来不爱惹是生非,曹操又想先将袁绍残余收拾妥当,便不去招惹刘表,暂且放刘备一马。

两个小鬼的斗争

话说袁绍死后,审配伪造遗嘱,将袁绍第三子袁尚推上了正位,众大臣一片哗然。袁谭听闻父亲去世,从青州赶来,满指望接替父亲的职务,却不料已经被弟弟近水楼台先得月,抢了个先。气愤不过的袁谭唯有以不回青州来抗议,最后自封了个车骑将军,率兵把守前线黎阳去了。

曹操休养生息,养精蓄锐,老对手袁绍死了,站出来两个小鬼,还是两个不合拍的小鬼,曹操心中自是看不起,却也不轻敌,毕竟是久经沙场的老手,战场之上,最忌轻敌冒进。曹操整军待发,即日赶往黎阳。袁谭听闻曹操来攻,立即向袁尚请求支援,袁尚既想让袁谭作为抵挡曹操的先锋,又不想增援兵马,这实在是没有道理的想法。袁尚踌躇不定,迟迟不肯发兵,这兵权乃是性命之根本。在袁尚看来,有兵权才有政权。

袁尚与支持他的审配当然不乐见袁谭势力坐大,二人一商计,命根子不能丢。大敌当前,一家人本该同仇敌忾,一致对外,这么关键的时刻还想着个人利益得失,所谓唇亡齿寒,曹操攻来,他们面临的结局是,胜了,一荣俱荣,败了,一损俱损。

袁谭的急报一封一封传来,坐镇后方袁尚感到事态紧急,毕竟面临着共同的敌人,况且那么多眼睛都盯着,袁尚勉强让逢纪带了一队兵马过去,袁尚此意还是让心腹逢纪监督袁谭。

袁谭一看袁尚如此寒碜,火暴脾气立马上来,这么少的兵力如何去应对曹操,兄弟二人的矛盾愈演愈烈,一触即发。袁谭再次请兵,不得袁尚回应,于是气急败坏,将逢纪砍了以泄恨。此时曹操的大军已开进黎阳,袁谭无奈,只得硬着头皮迎敌,只会逞匹夫之勇的袁谭,哪里是老狐狸一般狡猾的曹操的对手,节节败退,眼见袁谭支撑不住,袁尚又不想给他过多的兵权,便亲自领兵支援,两兄弟终于联手了。袁军在人数上,仍然有压倒曹军的优势,只是,却无能够拿得上台面的将领,将领无能,士卒只能是一盘散沙,是团结不到一起的,结局似乎已经注定。

联手的两兄弟,宛若同床异梦的夫妻,各自打着心中的小九九,根本无法团结在一起。曹操是何等聪明,一边以分化之策,一边声东击西,弄得这兄弟二人晕头转向,终究是不敌,败下阵来,二人相互埋怨一番,退守黎阳,不敢再出来应战。黎阳易守难攻,兄弟二人虽不敢出来应战,却将防御工事修缮得很完善，曹操见一时难以攻下而士卒已经疲惫不堪，便在此扎营筑寨，做好长远打算。

兄弟二人相对而坐，唉声叹气，却无主意，这么继续下去终究不是办法，便将目光转向了众位谋士。郭图一马当先，提出一个办法，就是效仿曹操当日做法，切断粮草供给，让其自动退兵。曹操心思缜密，怎会落到自己曾设置的陷阱里，早就预料到了兄弟二人会用这招，见招拆招，早就准备好了应对方案。

一计不成，兄弟二人就丧失了耐心，也不作挣扎，只等坐吃山空，曹操哪天能够大发善心，自行离去。就这么着，两军僵持了有半年，期间虽有小打小闹，却无伤大雅，不影响战局。

毕竟是年轻人，心浮气躁，沉不住气，两兄弟死守黎阳半年有余，心中难免焦躁，这一焦躁，就放松了警惕。曹操等的就是这个时机，见袁军松懈，便下令攻打黎阳，这一番下来，竟将城墙攻破。两军相遇，展开激烈的战斗，兄弟二人不敌，只得放弃黎阳，逃命去了。

兄弟二人逃到邺城，曹操乘胜追击，一路相随，准备一举将邺城拿下，两兄弟再次玩起了老把戏，如何挑逗都不肯出城迎战，只是一味防守。邺城是袁家的大本营，要攻下它，恐怕要费一番工夫，眼见袁军支援将至，如此一来，便落入内外夹击的境地，打倒袁家只差一步，将邺城攻下，这是最后的一步棋，曹操心中想着，撤兵竟有些恋恋不舍。

但是曹操并不是一个死心眼的人,他清楚地知道"堡垒要从敌人内部攻破"的道理。既然邺城城大沟深,强行攻城只会造成无谓的牺牲,并且很有可能还激发出了袁家兄弟之间的同仇敌忾的兄弟感情,到时候这样的最后一座堡垒就更难攻陷了。所以,曹操选择了静待时机,让这些乳臭未干的小子干着急,给他们一个相对和平稳定的环境,就可以让他们有时间处理他们自己内部的矛盾了,一旦他们的火并开始,整个中国的北方地区对曹操来说简直就成了囊中之物。

曹操撤兵,袁谭与袁尚的矛盾提上日程,这二人终究是要有一番火并,而曹操只等着鹬蚌相争,渔翁得利,便饶有兴致地坐山观虎斗,好戏马上就要开场。

家事难决请外人

曹操退兵,袁谭与袁尚两兄弟的矛盾浮出水面,一触即发。袁谭本打算趁曹操退兵之机,领兵在后面追击,打曹操一个措手不及。这个主意可谓甚有谋略,在经历了一连串的失败与打击之余,兴许能够挽回一些惨局,但是袁尚紧握兵权,说什么也不肯放手,袁谭心中的怒火再也压不住,即将大爆发。

袁尚小肚鸡肠更兼残暴,与其母刘氏如出一辙,袁谭恐袁尚报复,便要先下手为强,打起了投奔曹操的算盘。

袁绍后妻刘夫人,心狠手辣,却懂得隐忍,袁绍在世时,极尽温婉贤淑,因此深得袁绍宠爱。夫君一死,刘夫人性情大变,其野蛮残暴的一面一展无余。袁绍另有五妾,刘夫人便找了种种理由将她们杀掉,又恐她们死掉后,会去阴曹地府找袁绍告状或是亲热,便将她们尽数毁容。

这袁尚跟他母亲一个德行，当然一个鼻孔出气，在刘夫人杀人杀得痛快之时，不仅不劝阻，还加入到这一杀人游戏的行列，袁尚一出，血腥漫城，这就是袁绍无比宠爱的小儿子。当初袁尚生病，袁绍贻误战机而不去攻打曹操，日日守在床头，如今，他这儿子就是如此报答他的，若是袁绍泉下有知，那该是怎样的心痛。

袁谭露出投奔曹操之意，袁尚心中咯噔一声，与袁谭同盟尚且不能耐曹操如何，这袁谭要是与曹操站在一条战线上，冀州命不久矣。为笼络袁谭，袁尚不敢将之逼急。兄弟二人表面上和和气气，暗地里却都捏着一把劲，结党营私，发展势力，跟对方一争高下。

窝里斗只会让亲者痛，仇者快，曹操乐得渔翁之利。骨肉相残自古有之。当人性面临利益的抉择时，更能考验人的道德素养。而悲哀的是这样的争权夺利让兄弟之间反目的故事在三国当中不断地上演。这是人间的悲剧，也是人性的悲剧。

当袁氏兄弟暗地里争斗时，曹操已经打起了冀州的主意。此时，谋士郭嘉献上了让曹操不禁眼前一亮的计谋，"袁氏废长立幼，而兄弟之间，权力相并，各自树党，急之则相救，缓之则相争"。曹操一听，此言甚对，大敌当前，这兄弟二人必定抱成一团，暂且缓一缓，等他们闹得不可开交，生死相争，相互残杀之时，再一举攻之，省时省力，可谓妙计。

曹操天生是马背上的人，不打仗就忘记了生存之根本，闲暇之余，又想到了刘备，这个让曹操魂牵梦绕的仇人，到处骗吃骗喝，还骗得那么成功。曹操越想越觉得刘备是一生的隐患，非要食其肉、寝皮才肯罢休。

曹操做好南入荆州，攻打刘表的计划，辛毗却不期而至，这真是让曹操惊讶不已，随后喜出望外。曹操如此大的反应，实属人之常情，这辛毗乃是袁谭的使者，前来商洽与曹操合作，共同对付袁尚之事。如此大的喜事，纵使曹操这个喜怒不溢于言表之人，也不免心中乐开了花。

曹操欣喜之余，对袁谭却是十分看不上的，这袁谭有野心，不过是要利用曹操而已，曹操心中明了，既是同盟，无外乎相互利用而已。只是这小毛孩子实在是太不知天高地厚了，竟然把能够将袁绍杀得丢盔卸甲的曹操当成了他手中的工具，殊不知曹操是一杯毒酒，他们所做的只不过是在饮鸩止渴而已，除此之外他们将得不到任何东西。曹操此刻恐怕是强忍着心中对袁谭的轻蔑，强忍着计策将要成功的欢喜，这个奸雄恐怕是做梦也会笑。

袁氏二兄弟，终于撕去那和和气气的面纱，露出了本来凶神恶煞的真面貌，一心将对方置于死地。先是暗地里的交锋，然后就斗到了正面战场。

袁谭最耿耿于怀的还是没有继承父亲的遗产，当日袁谭听闻袁绍归西，马不停蹄赶回，却忽视了一点，袁谭单枪匹马从青州赶回，支兵未带，如此一来，如何与袁尚抗衡？袁谭越想越心有不甘，若当日能带兵而来，将袁尚一举斩除，也就免了后患，袁谭后悔莫及。袁谭见二人矛盾已呈白热化，必有一战，便想先下手为强，除之而后快。这日，袁尚踱来踱去，审配沉默不语，袁谭请二人前去赴宴，饮酒作乐，这二人心知凶多吉少，去吧，恐有性命之危，不去，又不合情理。

袁谭终究是火暴脾气，隐忍不住了，此次设下宴席，并埋伏下杀手，就等袁尚入虎口，来个瓮中捉鳖，一举灭之，这是郭图的鬼点子。谋士王修尚保留人性，当即反对："兄弟者，左右手也。今与他人争斗，断其右手，而曰我必胜，安可得乎？夫弃兄弟而不亲，天下谁人亲之？彼馋人离间骨肉，以求一朝之利，愿塞耳勿听也！"（《三国志·魏书·王修传》）

袁谭此时心中唯有仇恨与权力，哪里听得进这一套，将王修训斥一顿，径自与郭图去商量谋杀事宜去了。袁尚、审配二人一商量，这宴席是要去，但若是空着手去了，就成了人为刀俎、我为鱼肉的局面，只能任人宰割了，二人去赴宴了，去的不止是他们，还有五万大军。袁尚这一招，无异于是向袁谭宣战。

袁谭见这架势，当即发飙，这明明就是赤裸裸的不信任，吃个饭而已，至于带这么多人吗？袁谭骂起人来，不脸红，不心虚，却不想，这歹意本就是由他而起。

袁尚有备而来，袁谭也不是吃素的，大军早就在外面候命，袁谭一声令下，动手就砍人。于是，这美好的宴席就成了两兄弟火并的导火线，战争开始。这袁谭只懂得逞匹夫之勇，一时脑袋发热就开打了，却不想，这袁尚有五万兵力，乃是袁绍留下的直系军队，而他自己只拥有青州亲军，这其中差距明显，如何与袁尚相抗衡。

袁谭狼狈逃往平原，却心有不甘，便想借他人之力来解决袁尚，袁谭将当世豪杰数了一遍，荆州刘表颇有点实力，但是唯求自保，动员他打袁尚似乎不是那么容易。袁谭脑海中闪过曹操的面容，此时正跟曹操势不两立，他自然会攻打袁尚，但是袁尚一除，曹操必然会占据冀州地盘，此时能不能将曹操除去也是一个问题。

袁谭面临着两个敌人，袁尚与曹操，袁谭对袁尚的羡慕嫉妒恨，让他选择了与曹操联盟，袁谭打着将袁尚除去，然后再反过来对付曹操的如意算盘，便派辛毗去曹操处洽谈合作事宜。

辛毗带去了袁谭的一个"好计谋"：曹操攻打邺城，袁尚迎敌，而袁谭则在后方对袁尚造成夹击之势，袁尚不能敌，唯有束手就擒。曹操一听这计谋，顿时来了精神，紧急召开军事会议，这可是千载难逢的好机会，机不可失，时不再来。

曹操与手下谋臣一商量，这袁谭投降不管是真是假，于己总是没有坏处的。曹操当即决定，刘表暂且放置一边，军队是现成的，正蓄势待发，曹操当即率领大军就往冀州而去。

袁谭在后方做好了围追堵截的姿态，喜形于色，袁尚命不久矣，等袁尚一败，他手下的残兵自然归于袁谭名下，这时，自己也就具备了攻打曹操的实力，袁谭想着，心里美滋滋的。袁谭把别人都看扁了，这样的人，往往聪明反被聪明误，最终得不偿失不说，还不得善终。

袁尚见曹操气势汹汹而来，顿时失了神，审配忙前忙后，回神的袁尚以尹楷屯毛城，沮鹄守邯郸，审配、陈琳守冀州。曹操以其绝妙的用兵之法，为他们配置了克星，许褚斩尹楷，张辽射沮鹄，四人已经两个殒命。

在这关键时刻，袁军中出现了第二个许攸，此人乃是冯礼。冯礼是审配的手下将领，因为喝醉酒而遭到了审配的杖责，这冯礼也是个小肚鸡肠之人，办错了事情，还容不得罚，一怒之下，投奔曹操去了。

冯礼入曹营，自然带着大礼，冯礼滔滔不绝，将袁尚军中部署娓娓道来，所谓知己知彼，百战百胜，曹操这一仗胜利在即。

袁尚正跟曹操打得不可开交，却遭遇了暗箭，回头一看，却见袁谭那充满笑意的眼神，袁尚懵了，内外夹击，分身乏术，已经支撑不住了。打败的袁尚竖起了白旗，曹操默许，却趁其不备之时，再次发起进攻，这下，袁尚再无计谋可施，唯有逃命一条路。袁尚逃往中山，袁谭穷追不舍，无奈，袁尚往幽州投奔二哥袁熙去了。

对付完袁尚，曹操刀锋一转，瞄准了袁谭，袁谭垂死挣扎，不知命运如何？

你是哥哥你先死

鹬蚌相争，渔翁得利；兄弟阋墙，他人欢喜。袁家二兄弟斗得不亦乐乎，兵戎相见，袁谭败下阵来，求救于对手曹操，曹操倒是仗义，二话不说，放弃攻打荆州刘表，就马不停蹄去攻打袁家老巢邺城去了。

曹操将袁尚打得屁滚尿流，攻克邺城，在冀州安顿下来，袁家的天下自此就纳入他曹操的囊中了，曹操转念一想，这袁谭不除始终是个大隐患，袁谭盘踞青州，又在冀州占有一席之地，以其之实力也成不了大气候，况且袁谭的女儿的小命还在曹操手中捏着呢。

要说起此事，还要从袁谭投奔曹操说起，辛毗前往曹营洽谈合作事宜，曹操当即一口应允，为联络感情，曹操还封了袁谭的两个部下为大将军，并做主为自己的儿子娶了袁谭的女儿，自此袁谭与曹操就成了儿女亲家。

历史上，有多少女人被卷入政治婚姻的深渊，以女人来联络感情，这只是在无能为力之下的作为。一旦具备了能力，要分道扬镳之时，女人的死活是不会顾及的，这不得不让人感叹，女人的地位是如此卑微。

袁谭暂且放置一边，此刻他正忙着享受成为袁家老大的乐趣，沉浸其中，不能自拔，曹操看袁谭乐在其中，眼神不禁变得凌厉，心中道，就让他乐一阵子，等忙完手中工作再去收拾他。

曹操打下邺城，占领半个冀州，这只是表象，毕竟袁氏家族在此统治多年，而曹操初来乍到，民心四起，城中百姓见曹操犹如见了阎王爷一般，均避之不及，冀州地方统治极为不稳。曹操为此事动了一番脑筋，便大大作秀，表面功夫做得甚是到位。

稳定民心，领导阶层要放在关键的第一位，毕竟领导者一煽动，就有些乌合之众站起来，这种聚众心理最为可怕。先稳定了这一帮人，就万事大吉，一切好商量了。老百姓虽然占据了大半的数量，但值得庆幸的是，百姓最为朴实，只要给点恩惠，他们就会死心塌地安稳着，绝对不闹事。

曹操深谙其中的道理，先到袁绍的坟墓之前，祭奠一番，遥想当年与袁绍在汉廷共事种种，与在阴曹地府的人共缅往事，不免思绪万千，心中颇多感慨，泪从眼眶忍不住地往下狂飙，看得身边的人，也不免触景生情，大发感叹。

官渡一战，袁绍战败，不几，就吐血而亡，曹操难掩兴奋，而今，能够以如此快的速度入境，也难为曹操了。

曹操在此祭拜一番，便往袁绍遗孀刘夫人住处赶去，一番慰问，让与之有深仇大恨的刘夫人也无言以对，反倒是让曹操处处占尽上风。袁绍因与曹操官渡一战而忧劳成疾，最宠爱的儿子也被曹操赶得上天入地尤不能，这等深仇大恨，在曹操的一番安抚之下，烟消云散，刘夫人乐得自在，安静地颐养天年去了。

这毒蝎心肠的刘夫人被曹操礼遇待之，杀夫之恨，漂泊在外的儿子的安危，一概不顾，不管不问，便只顾逍遥自在去了。曹操如此作为，让人看了，却是是非不分，这刘夫人暴虐狠毒，早该命丧黄泉，向她的夫君袁绍请罪去。

曹操却不管这些，他看中的只是他的统治，稳固统治根基才是根本所在。稳定了统治阶层，曹操便把目光转向了老百姓，能给老百姓的最大实惠就是让他们少交粮赋，曹操正对其胃口，将一年农业税免去，曹操顿时声名鹊起，成了家喻户晓的大好人。曹操心中得意，却又下了一剂更猛的药，抑制豪强兼并。曹操的形象一下子光芒万丈，成了众人心中神一般的人物。

曹操这一仗打得精彩，冀州人人欢天喜地，曹操把局势稳住了，便把注意力转向了驻守平原的袁谭。袁谭反叛之心早就有之，他心中的那点小九九怎能瞒过曹操，曹操心知肚明，只是不点破而已。

在入邺城、破袁尚之初，曹操就已经嗅到袁谭的不忠之心。袁谭的两名部属，吕旷、吕翔是两位识时务的将军，见袁谭投诚，也就跟着投诚了，所不同的是袁谭很快生了二心，而这两人却见曹操是个英雄人物，更懂惜才之道，便从此一门心思认定了曹操，将袁谭这个老雇主晾了起来。袁谭虽粗心大意却察觉出了二人的疏远，此时军中正缺少将才，万不可在关键时刻散了人才，袁谭为了拉拢这二位将领，便授予了他们将军印。

吕旷与吕翔一合计，袁谭迟早要被曹操灭掉，还是找棵大树好乘凉，二人去面见曹操，并将袁谭授予的将军印献上。曹操一看，顿时明白了袁谭的心思，这只狡猾的狐狸，尾巴终于露出来了。曹操控制汉室朝廷，委任官职之职能，当由他来行使，而今袁谭私自授予部属将军印，乃是犯了谋逆的大罪，其取曹操而代之之心由此可见。

袁谭终于从袁家第一人的美梦中醒来，却见形势大变，自己已经处于重重包围之中，不免心有恐慌。再次打起了先下手为强的主意，率军攻占了甘陵、安平、渤海、河间四地，这四地均属于曹操的领地范围，曹操看袁谭首先发难，下了挑战书，也不再顾忌亲家之谊，率领大军气势磅礴而来。

驻守并州的高干，见大势已定，也不做挣扎，首先向曹操伸出了橄榄枝，表示愿意归顺，曹操当然乐见不战而屈人之兵，欣然接受，并授予名正言顺的并州刺史之职，高干心中顿时踏实了很多。曹操此时也做起了斯文人，跟袁谭讲起了名正言顺，命人送去一封训斥信，信中将袁谭之不义骂得狗血淋头，曹操又将儿媳妇，袁谭的女儿送回娘家，算是正式向袁谭宣战。

汉献帝建安九年（公元204年）正月，天寒地冻，曹操整军待发，军中不赞成出兵者大有人在。北方天气寒冷，河面尽被冰雪封住，可谓千里冰封，万里雪飘，出行尤困难，何况是出兵打仗。士卒个个身穿大衣，臃肿无比，哪里心甘情愿去打仗，另外物资的运输也是一个难题。曹操却是有自己的想法的，正因为值寒冬，袁谭万万想不到这个时候会去攻打他，给他一个出其不意的攻击，打他个措手不及，一举灭之。

袁谭万万没有想到，曹操在冬眠的日子里先下手了。曹操冒着冰雪领兵出征，果不其然，袁谭正暖被窝，烤火炉，听闻曹操来攻，大吃一惊，这么大冷的天，如何作战，袁谭连出城迎战的勇气都没有，直接放弃平原，退守南皮。

曹操不伤一兵一卒而得平原，袁绍打下的四州，除去袁熙镇守的幽州之外尽被曹操掌控。逃至南皮的袁谭没有逍遥太久，曹操的大军紧随而至。

袁谭擅长守城，曹操也在一次一次攻城之中得到了经验教训。天寒地冻，不宜久战，必须速战速决，曹操亲自击鼓助威，士气一下子高涨起来，寒冬顿时成了暖春，只消一日便将南皮攻破，袁谭率军杀出，却被等候多时的曹军一刀斩于马下。同时遇难的还有他的妻儿，郭图也不能幸免于难，袁谭的势力被斩草除根，处理得干净利落，曹军凯旋，曹操坐于马上，眼神望向幽州方向，那里是袁家的最后一块儿根据地。

壶关是我的

北上太行山,艰哉何巍巍!
羊肠坂诘屈,车轮为之摧。
树木何萧瑟,北风声正悲。
熊罴对我蹲,虎豹夹路啼。
溪谷少人民,雪落何霏霏!
延颈长叹息,远行多所怀。
我心何怫郁,思欲一东归。
水深桥梁绝,中路正徘徊。
迷惑失故路,薄暮无宿栖。
行行日已远,人马同时饥。
担囊行取薪,斧冰持作糜。
悲彼《东山》诗,悠悠令我哀。

——曹操《苦寒行》

曹操破青州，入城后，安抚官民，城中混乱的秩序逐渐稳定下来。在曹操安抚官民的同时，也注重拉拢地方豪杰，各地见袁氏大势已去，曹操当政已成定局，便非常识相地归附了曹操，曹操乐享其成，志得意满。

拉拢有志之士，是曹操一贯的作为，曹操惜才也是发自肺腑。曹操听从郭嘉建议，在青、冀、并三州召集名士，王修、刘放、王松等人都归于曹操麾下。曹操以礼待之，人心收服顿见效果。

袁谭的谋臣王修名望甚重，曹操破南皮以后，亲自往王修住处拜访，见王修家徒四壁，唯有书万卷充斥其中，曹操不禁感慨，袁谭有如此有为之士，却弃之不用，真是暴殄天物。

以王修之名望，却落得家徒四壁，反观审配、许攸之辈，家财万贯，仍止不住对钱财的欲望，人性之差异由此可见。曹操对人才的驾驭再次让人叹为观止，他以王修为司空掾兼职司金中郎将，负责铸造钱币、兵器事务。王修也不辱使命，干得有声有色，但依旧是常常身无分文，曹操每每赏赐，都被他以"钱乃身外之物"为由推诿。

刘放以其文采见长，被曹操看中。王松是盘踞涿郡的袁谭势力，袁谭兵败被杀后，刘放以其无与伦比的文采，写了一封劝降书给王松，王松听从刘放建议，率军归附曹操。曹操大喜，热情款待。

曹操将青州事宜安排妥当，便将矛头对准了幽州的袁熙与袁尚，曹操北上的决心一日比一日强烈，若拿下袁氏家族这最后的一块根据地，那袁绍的统治区域便尽在自己的掌握中了。曹操心情急切，有些迫不及待了。

曹操这边还未动手，幽州就起了内讧，袁熙、袁尚偏安幽州，统治甚不得人心，统治区内内乱频起，终究是爆发了兵变。袁熙的手下部将，焦触、张南二人因遭袁熙训斥，怀恨在心，又见袁氏穷途末路，已经走入夕阳西下的境地，便攻袁熙于不备，袁熙、袁尚被打了个措手不及，不敌，便投奔乌桓去了。将袁家二兄弟赶走后，焦触见幽州被曹操占领是早晚的趋势，不若投奔了他，兴许曹操一时高兴，善心大发，还能封个官做做。焦触这样想着，就率领大军，去曹操那里报到了。

曹操时刻都在关注幽州方向的变化，做好了坐山观虎斗的准备，此时见焦触来投，不禁喜上眉梢，将焦触、张南二人封了个列侯的名号，不战而收了幽州，捡了个现成的大便宜。

曹操将袁家四州均纳于掌控，只是那逃走的袁熙、袁尚仍然是个眼中钉，肉中刺，不除不痛快。袁熙、袁尚二兄弟实力不济，却懂得挑拨利用，他们时不时给乌桓首领打几针"兴奋剂"，乌桓首领还真一兴奋就率军入幽州，前来骚扰一番。曹操不胜其扰，准备大举进攻乌桓，一举将袁氏势力斩草除根，这时却发生了一件让曹操意想不到的事情，打乱了曹操攻打乌桓的计划。

此次事端是由并州刺史高干引发，高干在袁谭兵败被杀以后，形势所迫，投降了曹操，但是袁氏家族朝三暮四的特征也被他继承下来，高干见曹操忙于攻打幽州，无暇顾及并州，就趁机举起了反曹的大旗。高干是袁绍的外甥，文武双全，跟随袁绍走南闯北多年，袁绍坐拥四州以后，便将二子与高干各守一州，袁绍则与幼子镇守冀州，高干守并州，可见袁绍对这个外甥是相当重视的。

高干到了并州，拉拢名望之士，稳定局面，不负众望，承担起了支撑一州的重任，倒也是干得有声有色。袁谭被曹操打得狼狈而逃，命丧刀下，高干见识了曹操的厉害，知道曹操破并州指日可待，一狠心，投降了曹操。

曹操见高干拥兵五万，兼并州东依山，西靠河，恐一时难以攻下，又害怕并州与幽州联合，对己形成夹击之势，对高干的投诚，便一口应允，并礼尚往来，封高干为并州刺史。但是，海水难量，人心难测，高干投诚曹操乃是无奈之举，见曹操忙于攻打幽州事宜，便起了二心，公开反叛。高干一反，起了个带头作用，归附者众多，不服曹操统治的均站成了一条线，纷纷举起反叛的大旗，一向不关心时事的刘表也坐不住了，禁不住怂恿，加入到反曹的行列中来。

高干派兵攻打邺城，被曹军打败，而此时的曹操将幽州事务处理完毕，赶往邺城救援，准备前后夹击高干，一举将其灭亡。生死攸关，生命岌岌可危，高干破釜沉舟，奋力一击，快马加鞭，竟然逃出了重重包围。逃出的高干自然不会任人宰割，他挟持了上党太守,率领残军往壶关奔去。高干聪慧,选择了壶关这样一个易守难攻之地,此地山川交错,行军极其困难,要拿下它,有番难度。

这年是建安十一年(公元206年),依旧是一个寒冬天气,曹操以曹丕坐镇邺城,亲率大军西征壶关。曹操以乐进、李典带领两支先行部队,翻山越岭往太行山上走去。这一路,鹅毛大雪铺天盖地,荆棘丛生,挫折重重,行军相当困难,曹操与士卒同甘共苦,一路走来,让众多士卒感动,曹操也不免诗意大发,写下了《苦寒行》一诗,来纪念这难以忘怀的时刻,表达自己心中拔壶关的志向与决心。

到了壶关,见地势崎岖,不知如何布兵,曹操再三查看,让李典从正面进攻,乐进从侧面攻击,攻不下。曹操气急败坏,冰天雪地,远道而来,粮草不多,必须速战速决,以今日之趋势,似是要做持久战的打算。曹操再派两路兵,从四面攻壶关,仍旧是攻不下,双方就这么对峙着。

曹操心中的自信一点一点被磨灭掉,心中愤恨,发了狠心"城破,皆坑之",曹操此语一出,众人一惊。曹操无意间的一句狠话,造成了严重的后果,被困于城中的军民,更是鼓足了劲,奋死抵抗,曹操越发是攻不下了。对峙的局面一直持续着,城中粮草充足,可以维持,而曹操这边却支撑不下去了,眼见数月过去,壶关纹丝未动。这可急煞了曹操,旷日持久的战事,要尽早结束才好。

曹仁见曹操急得如同热锅上的蚂蚁，便献上一计。曹操下了死令，城中军民见已无生路，就算是破釜沉舟也要守住城门，否则就是死路一条。如今，若是能够收回成命，并且留下生路，谁还回去冒死呢？曹操心急，走了糊涂路，这下被当头一棒敲醒了，顿时悔悟，收回了成命，放松出入限制。城内固守久矣，守军见有出路可逃，便放松了戒备，更有从城内逃出者。

城内防御工事大大松懈，曹操趁此时机，再次命令军队从四面攻击，一举将其攻破。高干见军心动摇，形势非常不利，便留下守将守城，自己求支援去了。

曹操将城攻破，又是一番安抚，一切尽在曹操的掌控之中，而援军却迟迟未至。原来，高干跑去匈奴单于那里求救，而匈奴单于家事犹难断，便不愿惹是生非，拒绝了高干的请兵乞求，高干无奈，想到了荆州刘表，便率领几名亲兵，往荆州奔去，不料，被上洛都尉王琰抓住，王琰将高干的首级献给曹操，得了个列侯的美誉。

并州完全纳入曹操的统治，自此袁绍创下的基业都入曹操手中，曹操以此为基础，走向争夺天下的日程，但是在此之前，还要先将袁熙、袁尚这两个不成气候的袁家兄弟铲除掉，以永绝后患。

斩草必须除根

东临碣石，以观沧海。

水何澹澹，山岛竦峙。

树木丛生，百草丰茂。

秋风萧瑟，洪波涌起。

日月之行，若出其中。

星汉灿烂，若出其里。

幸甚至哉，歌以咏志。

——曹操《观沧海》

曹操破高干，占据壶关，自此，袁绍创下的四州基业均纳入曹操的统治之下。人的欲望是个永无止境的黑洞，永远也填不满，永远也无法满足。得此业绩，曹操的野心反倒是更大了，统一北方,将天下踏于脚下,是他能够想到的终极目标。也许,这梦想一旦实现,便有新的目标滋生,生命不息,欲望不灭。

在统一北方,争夺天下之前,曹操还有一事未了,那就是远在乌桓的袁氏兄弟,此患不除,曹操难以安心。曹操片刻之间,定下了远征乌桓的决定。

乌桓,又名乌丸,在东汉末年逐渐强大起来,但由于汉室的安抚,一直与汉室保持和睦关系,边境安宁,相安无事。但是,到了汉献帝迁都许都以后,乌桓就逐渐被纳入割据势力争霸的斗争之中,力量虽弱,终究是能够占有一席之地。

袁绍与公孙瓒的争夺中,因袁绍遣兵求救,乌桓首领蹋顿也就顺理成章地进来插了一脚,蹋顿派兵助袁绍,败公孙瓒。袁绍打败公孙瓒,这军功章里有乌桓的一份力量。战争结束后,袁绍为表谢意,与蹋顿和亲,并以汉献帝的名义封蹋顿为乌桓单于。蹋顿毕竟是外乡人,对朝廷之事难以了解,被袁绍这么一忽悠,就乐得屁颠屁颠,哪里还去想着是真是假。

在汉室与乌桓的交往中,有一个人不得不提,此人乃是阎柔。阎柔是汉人,但自幼被乌桓、鲜卑俘获,一直生活于他们之中,因其聪明伶俐,被人喜爱,长大之后,渐渐取信于乌桓,名气在乌桓、鲜卑之中越来越大,后来得到鲜于辅、鲜于银的帮助,被推举为乌桓司马。

从一介俘虏,成为乌桓司马,可见这阎柔不是一般人,正因为他的不寻常,被袁绍看中,百般拉拢,袁绍以其镇守北方。

随着形势的发展，袁绍在斗争伊始虽处于前端，却被长江后浪逐渐拍打在沙滩上，丧失了能力，被人一点一点蚕食。阎柔也是识时务之人，便离开袁绍，傍上了曹操这棵大树，为曹操破乌桓立下了汗马功劳。

蹋顿与袁绍关系打得火热，正因为如此，才为他的儿子留下了后路。袁熙、袁尚被曹操打败以后，狼狈而逃，再看中原，已经没有他们的容身之地，便长叹一声，往辽西奔去。辽西有蹋顿这层关系网，况且乌桓之后，蹋顿实力最强。以蹋顿之实力，再加上袁家二兄弟带来的残兵，少说也有五万人马，以此实力，与曹操相抗衡，可再夺四州，重振父亲留下的基业。袁家二兄弟打着如意算盘，企图借蹋顿力量，重振家业。愿望总是美好的，但是，现实却总是很残酷的。

在袁熙、袁尚二人的挑唆下，又有了熟人做向导，蹋顿时常率领士卒骚扰曹操后方。蹋顿率领轻骑兵风速而来，一番劫掠以后，火速而去，神龙见首不见尾，让曹军根本摸不到头脑。北边局势在乌桓与袁氏二兄弟的煽动下，动荡不安，曹操心中也颇不安宁，不征服乌桓，铲除袁家兄弟，曹操寝食难安。

曹操讨伐乌桓的决心已起，便召开军事会议，商讨讨伐乌桓一事。正如曹操所料，众说纷纭，意见纷纷，反对者不在少数。曹操心中也有几分顾及，乌桓远在辽西，这一去不知猴年马月能够回来，若是在这期间邺城发生变故，荆州刘表倒是老实，但是有刘备在那就难说了，若是趁此时机，偷袭邺城，那可就得不偿失了。

然而，从另一个角度想，这种隐患又微乎其微。一来，刘表向来只求自保，趁人之危之事鲜少为之。二来，刘表虽收容刘备，对刘备却用之、防之，刘备是一匹脱缰野马，野心之大，刘表自然看得清楚，必定处处加以限制。再观乌桓，危害之大，让人不安。乌桓一出，有袁熙、袁尚二兄弟坐镇，袁绍旧部一呼百应，局势不稳，政局动荡，危害甚大。

曹操不是袁绍，凡事自有主见，在各谋臣畅所欲言之后，曹操已经将利害关系看得清清楚楚，明明白白，心中也下了结论，毫不迟疑，远征乌桓，并且带着势在必得之决心。

出征之决心已定，那么下一步就是制订作战计划了。出其不意，攻其不备的作战策略，是永不过时的妙计，但是，敌人在千里之外，若是劳师动众，必然会被敌军察觉，并做好防御之准备。唯今之计，不若轻装前进，攻敌人一个措手不及。郭嘉的建议，得到了众多谋臣的赞同，曹操点头认可。

曹操入乌桓不仅得到了阎柔的呼应，还得到了徐无山中田畴的支援，田畴智谋过人，小具实力，又熟悉乌桓地形，对曹操帮助甚大。

曹操一路小心翼翼，采取种种手段掩护行军行程，就怕露出马脚，让乌桓骑兵看到蛛丝马迹。到距离乌桓大本营柳城有一百多里的时候，行程终究是掩饰不住了，曹操命令士卒加速行军进程，快马加鞭，直奔柳城而去。

乌桓蹋顿得知曹操来袭，近在咫尺，一时之间乱了方寸，袁熙、袁尚冷静下来，紧急整合军队，抵抗曹操。蹋顿与袁氏聚拢了有万余人，人数上倒是占尽了优势，但是因为仓猝迎战，军中多是乌合之众，士气不足，军队纪律匮乏。

曹操任命张辽为先锋，张辽是曹操手下的得意将领，后人将张辽与乐进、于禁、张郃、徐晃并称为曹魏的"五子良将"，而陈寿在《三国志》里面评价"太祖建兹武功，而时之良将，五子为先"。曹操无不自豪地称赞他"武力既弘，计略周备，质忠性一，守执节义，每临战攻，常为督率，奋强突固，无坚不陷，自援枹鼓，手不知倦。又遣别征，统御师旅，抚众则和，奉令无犯，当敌制决，靡有遗失。论功纪用，宜各显宠"。

张辽绝非浪得虚名，但见他身先士卒，咆哮着向联军扑去，身后的士卒，深受感染，个个斗志昂扬，紧跟其后，一番厮杀。蹋顿率领一群毫无纪律的联军，尾大不掉，指挥不灵，片刻便被冲散，成了一盘散沙。蹋顿、袁家二兄弟一看形势逼人，不再做抵抗，策马逃跑。

张辽继续与联军周旋，曹操率领士卒去追击逃兵，蹋顿被曹操部下斩首，袁氏二兄弟率领千余骑往辽东郡奔去，投奔了那里的太守公孙康。

曹操在辽西一战中大获全胜，便班师回朝了，公孙康一看曹操的威胁解除，而袁家二兄弟却成了当前真正的威胁，引狼入室，后患无穷。公孙康趁袁熙、袁尚不防备，将这二人的首级砍下，送给曹操，曹操礼尚往来，任命公孙康为左将军，并加封襄平侯，如此一来，辽东也纳入曹操的管辖范围。

曹操完成漂亮的一战，可谓一箭三雕，灭袁氏二兄弟，平定乌桓，收纳辽东，袁绍的势力终究是被斩草除根。曹操意气风发，整个北方都成为曹操的天下，归途中，曹操诗兴大发，写下了《观沧海》一诗，聊表心意。

从起兵，到讨伐董卓，到成为兖州牧，到战胜吕布、刘备、张绣等等敌人，再到今天曹操能踏踏实实地享受自己所完成的丰功伟业，这一切都是相当艰难的。只有生在这样的一个乱世，曹操才能够发挥他自己的价值，就像他后来在《让县自明本志令》当中所提到的："今孤言此，若为自大，欲人言尽，故无讳耳。设使国家无有孤，不知当几人称帝，几人称王！"若没有曹操，这一切都将是水中的倒影，北方将成为一团乱麻。曹操击败袁绍初步统一中国北方，为将来曹魏的建国打下了十分深刻的疆域基础，也使得中国重新回到统一的局面有了希望。

统一北方的大业完成，曹操距离梦想更近了一步，生命不息，追求不息，班师回朝后，曹操就马不停蹄地向着更远的目标前进了。

第四章

长坂混战：刘大耳朵快跑

还是亲人靠得住

汉献帝建安六年（公元201年），官渡之战已经接近尾声，袁绍节节败退，当初的壮志雄心遭遇了现实中的一次次失败，袁绍心中的骄傲再也燃烧不起来了。自从血吐沙场，袁绍自知凶多吉少，而继承人的候选问题，也一直伤透了袁绍的脑筋。心烦意乱，而又壮志未酬，种种打击，让袁绍的斗志再也昂不起来。

反观曹操，却是从"山重水复疑无路"的困境，走入"柳暗花明又一村"的境地，这其中巨大的反差不得不发人深思。以少胜多的喜悦，让曹操意气风发，一扫战初的阴霾，曹操正雄赳赳，气昂昂，下一个目标就是将袁绍斩草除根，以永绝后患。

瘦死的骆驼比马大，袁绍再如何不济，偌大的骨架还摆在那里，若想速战速决，指日攻之，也不是唾手可得的易事，做好持久战的打算才是长远之策。此刻是一个乘胜追击的绝好时机，曹操不想放弃，但是，胜利的喜悦并没有让曹操丧失理智，对于袁绍的实力，曹操还是看得分外清楚的。

兵力不足，粮草短缺，后勤支援困难，面临种种困境，曹操恋恋不舍地放弃了，放弃了这乘胜追击袁绍的大好时机。曹操的如意算盘是，先回许都休整片刻，等到人壮马肥了，再攻打冀州，将袁绍一举灭之，但是半路杀出了一个程咬金，将曹操的美妙计划打破了，此人乃是曹操宿敌，刘备。

刘备得了时机，向袁绍请命入汝南，自从刘备到了汝南以后，刘关张三人也在此重逢，在刘备的带领下，将此地经营得有声有色。这就是领导者的魅力所在，就如同金子，无论放在哪里总会发光的。

一个优秀的领导固然重要，但是靠实力说话仍旧是不争的事实。刘备趁曹操无暇顾及后方之机，时时骚扰许都，让曹操抓耳挠腮，愤怒无比。曹操盛怒之下，走了一步险棋，挥师远征刘备，留下生死未卜的许都，只盼袁绍志大才疏，不要趁火打劫。所谓一山更比一山高，刘备是一个优秀的领导，当遭遇了颇具实力的曹操的时候，却没辙了。

汉献帝建安六年（公元201年），曹操的大军已接近汝南，刘备万万没有想到，曹操会舍许都而攻汝南，一时之间竟乱了手脚。曹操的实力，刘备心知肚明，若是以实力相碰，无异于鸡蛋碰石头，必败无疑，但是舍弃汝南，刘备心中又万分不舍，犹豫踟蹰，刘备踱来踱去，不知道如何抉择。

曹操的大军越发近了，毕竟是刚刚经历了与袁绍的一场战争，并且是远道而来，士卒疲惫不堪，纵使曹操心中有万般仇恨，也不敢轻举妄动。昔日曹操礼待刘备甚是丰厚，刘备却恩将仇报，屡次与曹操相抗衡，曹操正窝着一肚子火气，要与刘备一争高低，将其斩草除根，了却后患。

是祸躲不过，刘备心中起了逃跑的念头，但是不战而逃，以后如何在军中立威，这不是一个高明的领导者的作为。无论如何，是要与曹操兵戎相见的，刘备先在军中一番慷慨激昂的演说，将汉献帝之委屈，以及曹操盗国之行径，一一灌输于士卒头脑，为自己的应战争得了名正言顺的名分，在士卒士气大振之机，以关羽、张飞二人各领一支军队，出城迎敌。

曹操是用兵高手，以大将夏侯惇为前锋，连日攻打汝南城，曹操此举在于不给刘备以喘息之机。关羽、张飞接二连三狼狈撤回，刘备心中无计，做好了各奔东西的准备。

曹操的连环战术仍在继续着，汝南城中粮草供应的道路已经被曹操切断，城中十室九空，粮草缺乏，已经到了无法支撑的地步。刘备唯有大叹一声，汝南失矣，却毫无他法。如今之势，只能是破釜沉舟各自逃命了。这日，刘备将众人聚在一起，将当前之形势毫不隐瞒地告知众人，众人皆沉默。刘备开口打破这沉默，以无比沉痛的语气，让众人各奔东西，另觅他主。

良禽择木而栖，贤臣择主而事，在这样的战乱年代，有多少人还抱着忠臣不事二主的儒家理念？识时务者离去了，忠义之士留下来了，刘备越发势单力薄了。这日，刘备召集忠义之士，商议下一步作为，准备酒饱饭足之后奋力冲出曹军重围，但是，天下之大，何处才是容身之地！

逃是定好的基本政策，但是往哪里逃却是一个让人伤脑筋的问题。天下大势，弱肉强食，弱小的诸侯势力，有的被剿灭，更多的是找棵大树好乘凉，均一一销声匿迹，现今割据一方的诸侯，当数盘踞河北的袁绍、占领中原的曹操，江东孙氏兄弟，还有就是稳坐荆州的刘表。这四大势力集团，人才济济，各据一方，实力均不可小觑。

曹操视刘备为眼中钉、肉中刺，杀之而后快，刘备自是不能投靠。袁绍泥菩萨过江，自身难保，哪里还顾得了他人，也不在考虑之列。江东孙权素来无甚关系，孙氏又得曹操安抚，也不是可容身之地。诚如谋士孙乾所说，唯有荆州刘表可以依附，一来刘表兵强马壮，素来少与人起争端，过着井水不犯河水的小日子。二来毕竟是刘家宗族，可叙同宗之旧情。

城外，曹操的大军正叫嚣着，破城指日可待，已经没有时间犹豫。这日夜里，刘备率领余兵，在夜幕的掩饰下，打开城门，一涌而出。张飞、关羽在前，众人在后掩护刘备，边打边往荆州方向撤退，幸好，夜里曹军防备减弱，刘备得以冲出重围，侥幸逃脱。

逃出的刘备，连夜赶路，快马加鞭，到了荆州边境，曹操追袭不得，又念及许都安危，攻下汝南之后撤回。刘备终于松了一口气，但看士卒，寥寥无几，不禁伤感万分，更为前途未卜忧心忡忡。

刘备率领众人初入荆州，不禁为荆州之景象而惊叹，但见荆州处处洋溢着繁华的气息，环境宜人，土地肥沃，商业繁荣，百姓安居乐业。刘表经营荆州多年，天下多年混乱，刘表却能够按兵不动，坚守荆州这块宝地，始终未受到战争的污染，俨然一片世外桃源。

刘备惊叹之余，不禁心有疑问，刘表能否容人？刘表一向只求自保，能否容得下刘备这还未可知，刘备刚刚放下来的心事再次提了起来，孙乾见主公忧心，倒是仗义，自告奋勇要前去说服刘表。

刘表听闻刘备来投，欣喜万分，但是，刘表部将蔡瑁却站出来，当头给刘表一棒。蔡瑁对刘备甚是不满，刘备先后辗转于吕布、曹操、袁绍，后来均反目为仇，蔡瑁以此论定刘备为人不忠不义，不可与之相处。另外，刘备与曹操正打得不亦乐乎，若是收留刘备，恐怕曹操会增兵荆州，若是如此，那就得不偿失了。刘表听蔡瑁所说，确实有理，不禁有了几分犹豫。

孙乾见刘表面有迟疑，便用了激将之策，道"玄德公闻刘荆州乃天下名士，礼贤下士，故来相投。前者相从曹、袁，皆不得已耳。公若不容，岂不令天下忠义之士寒心。"刘表听孙乾如此说，不禁心中不服，刘表素来注重名气，更以礼贤下士著称，怎会自损名节？便将蔡瑁斥责一番，亲自出城迎接，并礼遇待之，刘备如丧家之犬，在此得到了温暖，不禁感恩戴德。

刘备入荆州，这成为他人生的一个转折点，之前的小打小闹，让他崭露头角，他的人生大业将在此拉开帷幕。一个到处去投奔他人的无名之辈，终究以此为发家之地，成为三国鼎立之一霸。

我也喜欢放火

荆州在刘表的治理下，日渐富裕，曹操看着眼红，早就有了据为己有的念头。况且，荆州地理位置极其重要，地处东西南北交通枢纽，曹操若能攻下荆州江北，便可以此为依托，自由进退，在他占领下的兖州、豫州等地也能够从军事前线转为战略后方。另一方面，荆州刘表不轻易用兵，在这乱世之中算是一方乐土，众多名士云集荟萃，若能得荆州，便可将这些才华横溢之士纳为己用。

曹操打着如意算盘，多次将南征荆州的计划提上日程，但是均因北方的不安定因素未能铲除而导致计划破产。曹操令曹仁屯兵荆州江北，自己率军在北方与袁绍残余周旋，准备一旦将袁氏集团斩草除根就南征荆州。

刘备入荆州以后，走访名士，甚得人心，颇有威望，汉献帝手下大将臧霸率领五千精锐前来投奔，刘备实力一步一步扩充，手下又有关羽、张飞这样的大将。看着刘备一日更比一日得意，长久下去那不是引狼入室？！刘备再也坐不下去了，派出五万大军由大将蔡瑁指挥，屯兵新野南部，作为刘备的后援，当然刘备心神意会，这五万后援兵与其说是前来支援，不如说是刘表派来的耳目，前来监视刘备，以防止他往南发展。

刘备在刘表的控制范围内不敢造次，就将全部精力放在了新野的经营上。对当地有名望之人施以安抚，对百姓则减轻赋税，不出几年，就得到了当地百姓和名士的认可。

在徐庶的帮助下，刘备招募士卒，训练军队，培育出了一支训练有素的亲军。一切都在既定的轨道上运行着，新野城一片繁荣景象。此时刘备心中不安分的因子再次被调动起来，趁曹操无暇顾及荆州之机，不断向北推进，而驻守此地的曹仁兵力有限，更有孙策、刘表的大军虎视眈眈，曹仁不敌，节节后退。

北方战事即将结束，可曹操的野心刘表却看得清晰，荆州难免一场战争，但是，刘表不舍荆州的安宁，不肯轻易出兵，便派刘备打个前锋，出兵叶县。刘备既得令，心中不免欣喜，盼望一战久矣，这可是一个扩充实力的大好时机。功业未成，刘备是坐不住的，即刻北进，一路顺利到了博望坡，闻曹操的大将夏侯惇已经率领士卒往南赶来，便在此修建堡垒，驻扎下来。

曹操早就听闻刘备驻扎新野，日日演练士卒，料到刘备必会北进，只是袁氏余孽缠身，无暇顾及，只等收拾完北方事务再图荆州，不想刘备先下手为强。北方事务还未处理妥当，曹操不便亲征，便命大将夏侯惇为都督，以于禁、李典、韩浩为副将，率领三万大军远征刘备。

夏侯惇，曹操的同族兄弟，英勇善战，为人刚烈，曹操举兵之时就跟随左右，后被曹操任命为司马，在协助曹操攻打吕布之时兵败，被流矢射伤左眼，被人称为"盲夏侯"，此事成为他一生的耻辱。

夏侯惇有着武人的通病，性格刚烈，好刚愎自用，出征之前，荀彧曾劝诫，刘备狡诈，善用计谋，万不可轻敌冒进。可见，荀彧对夏侯惇与刘备还是相当了解的，只是，但凡有点功绩的将领，不免有些心高气傲，听不进劝言，更不把旁人放在眼里，却往往在小人物手中栽了跟头，这真是聪明反被聪明误。

夏侯惇并不把刘备当回事，刘备不过一介匹夫，有什么可以畏惧的。夏侯惇拍着胸脯，口出狂言，向曹操立下军令状，发誓要生擒刘备，摘刘备首级献上。这海口夸得太早，究竟结果如何，战后才能见分晓。

曹操对此役非常重视，刘备驻守的新野，可谓是荆州的门户，若能够破新野，那么攻下荆州则指日可待。正因为这其中的重要性，曹操拨三万大军给夏侯惇去攻打刘备，三万大军，这是一个不小的数目。

刘备没有想到曹操能分三万大军来抗，心中不免凉了一截，大敌当前，此次是无处可逃了，唯有决一死战，以实力相拼硬碰硬，必不能取胜，唯有靠智取。刘备庆幸，领兵前来的不是曹操，不然就毫无回旋的余地了。

刘备与曹操的几次较量，刘备总结出了一个规律。刘备谋略有余，但是对付曹操手下的几员大将还可以，若是曹操领兵亲征，刘备则不能够驾驭，可见曹操更不是一个省油的灯，跟刘备相比，是有过之而无不及。

夏侯惇恃功自大，清高自傲，刘备就针对他的这一性格制订了作战计划。夏侯惇率领大军来到博望坡，此次行军速度颇慢，曹操正率领精兵在黎阳作战，虽然拨给夏侯惇三万大军，数量上是占尽了优势，却不能够保证质量。

刘备以赵云率领一支士卒打前锋，出城迎战，并吩咐且战且退，只许败不许胜，赵云知刘备必定是有取胜计谋，也不多问，率领士卒前去接战。夏侯惇与赵云在博望坡相遇，几个回合，赵云败下阵来，畏战后撤，夏侯惇领兵穷追不舍，赵云看逃脱不了，便又回马迎战。如此三番两次，眼见赵云且战且退，必败无疑。

曹军副将韩浩心有疑惑，听闻赵云骁勇善战，今日一见，不过如此，难道赵云如此，是另有他算？莫非是诱敌深入之策？韩浩将心中所想告知夏侯惇，劝其小心，以免中了刘备埋伏。夏侯惇见赵云胆小如鼠，不免心中飘飘然，又仗着三万大军压阵,哪里听得进韩浩的劝告,领兵便追。果真如韩浩所料,中途杀出了刘备,刘备上前交战,却仍旧是不堪一击,没有挡几个回合,就败下阵来,仓促而逃。

夏侯惇见刘军如此,不禁心花怒放,放声大笑,刘备尚且如此,还有什么可以畏惧的!夏侯惇心中充斥着骄气,不免轻敌,将荀彧所说均抛之脑后。

夏侯惇领兵紧追,追至博望坡乃停,见夜幕降临,天色已晚,便在此安营扎寨,准备明日再战,一举杀到新野城,摘刘备首级。一切准备就绪,夏侯惇命人加紧防备,准备入睡,养精蓄锐,明日再战。

在半睡半醒之间,夏侯惇听闻外面阵阵骚动,起身,却见帐外东方天际已经泛白,刘备屯兵方向火光冲天,烧红了半边天,刘备的营帐着火了,夏侯惇顿时警觉起来,又闻人来报,刘备的军队正连夜撤退。

夏侯惇再看那冲天的火势,不禁明了刘备的心思,刘备见打不过,便将营帐点燃,以此来阻挡曹军的进攻。夏侯惇嘴角划过一丝狡黠的微笑,刘备这样想,就偏偏不让他如愿。

夏侯惇紧急整合大军,急速追赶。博望坡北部宽阔,南部狭小,从北通过不难,从南通过却不易,坡上树木丛生,庄稼旺盛。夏侯惇依稀可见刘军,便打算加快步伐,追袭刘备。

随军副将李典见道路狭窄,四周树木丛生,恐有埋伏,便提醒夏侯惇,此处非常适宜火攻,若是刘备放火,那就在劫难逃，还是先探探路的好。夏侯惇最厌恶婆婆妈妈的耳提面命，不听劝告，仍一意孤行。

曹军刚出南部谷口，一股不祥的预感油然而生，夏侯惇还没有回过神来，就见火光四起，硝烟滚滚，于是紧急撤退，但是因为道路狭窄，谷口太小，撤退十分困难，被刘备的伏兵打得落花流水，幸好李典来救，夏侯惇逃过一劫，捡回了一条命。

"火烧博望坡"同样是《三国演义》中一个非常经典的故事，只不过这故事发生的事件被罗贯中给错后了，并且主导这场奇谋的人也由刘备换成了"近似为妖"的诸葛亮。只可惜这样的一个刘皇叔大显身手的重要战役，就这样被罗贯中改名换姓地转嫁到了诸葛亮的头上。尽管这其中还有着徐庶从中出谋划策，但从这一个事实当中我们可以看到，刘备为什么可以独霸一方？说明他本人是有着相当的实力的，不光在施行仁政这一个方面，在许多方面甚至是以往人们都忽视的谋略方面也都是有着相当不俗的实力。刘备的这场经典战役，应该被正名，受到世人的重视，充分体现了他作为一代枭雄所具有的品质。

见识了刘备的厉害，夏侯惇狼狈而回，当初的军令状犹在，誓言犹在耳边，夏侯惇灰溜溜地在曹操面前抬不起头来，当然曹操肚中能撑船，没有怪罪，对刘备的恨意却是更上一层楼了。

批量生产的荆州名士

刘备得刘表庇护,终得喘息,见刘表将荆州治理得井井有条,不禁心情澎湃,受创的伤口渐渐平复,野心再度生根、发芽,并在荆州这片沃土上茁壮成长。

刘表盘踞荆州十几年,从东汉兴平元年(公元194年)到汉献帝建安十三年(公元208年),荆州一直比较安定。荆州位于长江的南北两岸,有八郡之广,背靠中原,南向江东,地理位置十分重要,《后汉书·刘表传》记载刘表"开土遂广,南接五岭,北据汉川,地方数千里,带甲十余万。初,荆州人情好扰,加四方骇震,寇贼相扇,处处麋沸。表招诱有方,威怀兼治,其奸猾宿贼更为效用,万里肃清,大小咸悦而服之"。

刘表治理荆州有方,又鲜少参与战事,使得荆州免于战乱,由此成为谋士与文人的避难之地,众多声名远扬的士人隐居于此，可谓人才荟萃。而刘表又是一位颇具儒家理念的领导者，所以荆州就成了名士的世外桃源，时称"关西、兖、豫学士归者盖有千数"。

刘表对于隐居于此的名士，颇为礼遇，安慰赈赡，无不齐全，但是，人各有志，刘表虽然占据天时地利人和之时机，却无称霸天下之野心，只求自保，唯想偏安一隅，因此"有才而不能用，闻善而不能纳"的情形时时发生，这不禁让有抱负之士寒心，所以众多闻名于世的谋士虽隐居荆州，却并不为刘表所用，心怀大志而又谋略出众的有志之士，诸葛亮、庞统、徐庶就面临着这样的境况，这不得不让人叹息，舞台辽阔，英雄却无用武之地。

群雄争霸之时，刘表依仗兵强马壮，实力压阵，不思进取，只求守得一席之地，这样的愿望在天下大乱之际，让荆州得一时之安定，呈现出一片欣欣向荣的景象，却不知，在这样一个群雄并起、天下纷乱的世道里，不求强大，只有被强大压倒，不把别人踩在脚下，就会被别人踩在脚下。优胜劣汰，社会就是这么残酷，井水不犯河水这样的日子，虽一时可得，却不是长远之策。

刘表胸无大志让荆州名士寒心，看清这样的形势，他们只有稳稳当当做个隐者。但是，理想的火花并没有熄灭，他们在等待时机，等待一个能让他们实现抱负，等待一个有野心的明主，刘备的到来，让他们眼前一亮，看到了希望的曙光。刘备是一颗闪亮的明星，到哪里都能成为焦点，领导者的魅力一览无余。

韬光养晦的日子该结束了，素有名望的徐庶伺机而动，首先迈出了第一步，奔向了刘备。其实徐庶在荆州多时，刘表也曾多次礼请徐庶出仕，到刘表麾下任职，但是徐庶对刘表之心无大志，优柔寡断颇为看不上眼，辞而不就。

刘备如丧家之犬一般来投奔刘表，却被徐庶认可，断定他刘备胸怀大志，才略过人，更重要的是懂得知人善任，日后必定能够成就大事。徐庶弃刘表而选刘备，显示了其识人的智慧，事实也证明，徐庶的选择是正确的。

话说刘备被刘表安排在新野，正愁无兵无粮，手下正值缺少谋士，徐庶自动送上门，这让刘备喜不自胜，礼遇待之自是不用说，更是委以重任，授予军师一职。徐庶初来乍到，就被如此信任，不免心中感恩，以效犬马之劳。

徐庶又名徐福，自幼心怀大志，立志为民除害，做一名游走四方的侠士，所以少时便拜师学艺，武艺甚是了得。这样的志向形成了他疾恶如仇、打抱不平的性格，但是也正是因为这样的性格给他惹来了被追杀之祸。

徐庶的一位朋友遭到了乡中恶霸的欺侮，使得家破人亡，徐庶受朋友所托，将恶霸铲除，为乡中除掉了一大害，却因此惹上了人命官司，为躲避官兵的追捕，无奈而远走他乡。

随着年龄的增长和理想的一次次挫折，徐庶越发感觉到，以一己之蛮力，无法从根本上解救人间疾苦，但见那东汉王室日益衰微，根基摇摇欲坠，无处不弥漫着硝烟的气息，诸侯纷争，各自割据一方，人民在夹缝里艰难生存。徐庶萌发了弃武从文的念头，掌握治国之本领，才能更好地造福百姓。徐庶确立了这样一个志向，便迫不及待投入到读书求学之中，最终把自己磨炼成一个文武兼备的名士。

汉献帝登基以后，汉室更加动荡不安，战乱频发，民不聊生。徐庶为避战乱，与同窗好友石韬一起，举家迁到荆州，又闻刘表礼贤下士，便想在此实现一身的抱负，却见那刘表根本就无大志，一心偏安，更不能知人善任。徐庶叹息一声，虽有刘表的多次拜访，却都一一推辞，只是与荆州名士结交、躬耕度日，日日畅游，此举并非对入仕丧失兴趣，而在于韬光养晦，以待明主。

在荆州扎根以后，徐庶结识了此地的司马徽、庞德公，诸葛亮、庞统等人。司马徽是颍川（今河南禹州市）人，到荆州避难，孟公威是当地的士族领袖，两人关系甚是亲密，庞德公称司马徽为水镜先生，司马徽还有一戏称是"好好先生"。司马徽有经邦济世之才，却只潜心于讲学，若是有人让他品评时人，他总是以"好好好"相敷衍，人送"好好先生"。

庞德公对司马徽十分看重，将自己的侄子庞统送往司马徽处求学，庞统与司马徽二人相见甚欢，十分投缘，司马徽见庞统淳朴诚恳，却是大智若愚，德才兼备，是个难得的奇才，司马徽称其为"江南第一名士",可谓南州冠冕,后来,庞统果真成为一员声名远扬的谋士。

司马徽才学横溢,又颇具威望,自然被刘备看在眼里,痒在心里。此时的刘备正求贤若渴,若是能将如此有威望之人纳于旗下,自然会有众多追随者,尽管明了司马徽的心思,刘备还是亲自前往司马徽住处拜访,问天下大事。毫无悬念,刘备被非常坚决地拒绝了:"儒生俗士,岂识时务。识时务者在于俊杰,此间自有伏龙凤雏。"

刘备见司马徽如此坚决也不再强求,便问"伏龙凤雏"所谓何人,"诸葛孔明、庞士元也",司马徽也不多语,此话一出,便关门送客。

诸葛亮曾求学于司马徽,乃是司马徽的学生。诸葛亮与庞德公关系更是不一般,除了师生关系外,还结成姻亲,庞德公的儿子庞山民娶了诸葛亮的姐姐,从这一层面上讲,庞德公算是诸葛亮的长辈,所以,诸葛亮每次见到庞德公都要行参拜礼数。司马徽见诸葛亮志向高远,非常赏识,将其与庞统并称为伏龙凤雏。

徐庶入荆州以后,闻司马徽大名,也拜其为师,与庞统、诸葛亮成为同门师兄弟。徐庶与诸葛亮相见恨晚,二人甚是聊得来,来往日益频繁,成为至交。二人时常在一起谈论天下大事,探讨治国用兵之道。随着了解的加深,徐庶与诸葛亮往往被彼此的魅力所折服,渊博的学识,高尚的品格,独到的时政见解，高明的治国用兵之道，在日益的切磋与磨练中，二人的情谊逐渐升温。

刘备来到荆州屯兵新野，走访名士，野心勃勃，却谦虚至极，徐庶在一次又一次的观察中，认定了刘备。司马徽也极力劝说徐庶去投奔刘备，徐庶便不再迟疑去投奔了刘备。徐庶在刘备麾下，展现了卓越的军事才华，刘备颇为倚重，在刘备处站稳了脚。

徐庶见刘备确是可以效劳的明主，便向刘备极力推荐诸葛亮，刘备心中早就有了招揽诸葛亮之意，便毫不踟蹰前去拜访，便有了"三顾茅庐"的佳话。所以细说起来，徐庶才应该是刘备军中最有价值的谋士，因为他不但自己满腹经纶，还能够去选择对主公真正有帮助的人。

如果刘备没有徐庶的帮助，那么很有可能他会出现想找名士但却不能登门拜访的窘境。刘备将寄居在刘表这里一声不响地给刘表看家护院，最后迎接曹丞相的到来。正是由于徐庶丰富的人际关系网络，才能够让刘备得以接触到这些为了躲避战火寻求明主的名士。刘备也才能因缘际会地得到他后来最为重要的谋士诸葛亮，为蜀国的江山打下坚实的基础。

你跟我还是不一样

"天将降大任于斯人也,必先苦其心志。"这话对刘备来说一点不错。自从响应朝廷的号召起兵征讨黄巾军以来,刘备经历了许许多多的战火,这点跟曹操十分相像。但是他们二人的一个显著不同就是刘备一直在走下坡路,而曹操的事业则一直是蒸蒸日上地向上发展着的。天下大乱以后,刘备辗转众割据势力之间,尝尽了寄人篱下的滋味,尽管经历了一次又一次的挫折,刘备仍旧没有丧失斗志,准备东山再起的野心依然蓬勃。投奔刘表以后,刘备被安置在新野,这其中种种原因,这二人均心知肚明,刘备唯有带着感恩戴德之心走马上任新野牧。

新野地处湍水和清水的汇流处,在襄阳东北,距离襄阳有五十公里的距离,可谓是襄阳的门口,作为要冲之地,新野位置极其重要。刘表以刘备驻守新野,表面上对刘备信任有加,其实却是别有用心。

刘备到荆州以后,走访名士,甚得人心,不几,就建立起了鹊起的声望。刘表对声望也非常看重,但是荆州虽名士多,能为己所用的却寥寥无几,刘表可望而不可求的名声,刘备却唾手可得。无处容身而来投奔的刘备,刘表是看不上眼的,可是他却得到了刘表梦寐以求的东西,羡慕当然有,更多的却是嫉妒与恨。刘表看似大度的背后,却隐藏着难以察觉的狭隘心胸。

将刘备调往新野,一来可以远离荆州中心,二来可以作为抵挡曹操的先锋力量。曹操与袁绍一战,以少胜多,已然必胜无疑,如此一来曹操平定北方指日可待,曹操野心勃勃,平定北方之后,必然不会善罢甘休,南征就成了目标,而荆州地处中心位置,是南进的第一道栅栏,曹操必定先取荆州,以曹操之实力,刘表能否抵挡实属未知。刘备可以作为抵挡曹操的第一道力量,到时候刘表可见机行事,若不能抵挡曹操,唯有议和一事,在刘备激战之时,可在背后袭击,将刘备捉拿送予曹操,曹操必定念及刘表恩情,网开一面。

刘表的如意算盘并无重用刘备之意,不过是利用罢了。刘备何等聪明,对刘表心中那点小九九自然明了。到了新野以后,刘备一方面招募军队,一方面征召名士,壮大实力。刘表密切关注刘备的发展,时不时进来插一脚,悄然监视,戒备心昭然若揭,刘备心中郁闷却也无可奈何。

刘备到了新野以后，将新野治理得井然有序，民足粮丰，老百姓编了民谣以歌颂刘备功绩："新野牧，刘皇叔，自到此，民丰足。"关于记载刘备到新野之后采取了何种利民政策，史书中非常少见，但是，从后来新野失陷以后，新野百姓众口一词的一句"我等虽死，亦愿追随使君"，可见刘备的利民政策是非常成功的。

这不得不让人再次感叹刘备的魅力之大，一个领导者，无论走到哪里都能够干得有声有色，并且留下有口皆碑的业绩，这确实是非常了不起的。《三国志》的注中，裴松之也赞扬刘备"虽颠沛险难而信义愈明，势逼事危而言不失道。追景升之顾，则情感三军；恋赴义之士，则甘与同败"。刘备仁义爱民声名远扬。

刘表见刘备光辉熠熠的形象在新野百姓心中树立，不禁心中妒火中烧，对他的防御之心更大了。这日，刘表宴请刘备，二人饮酒畅谈，一副相见甚欢的模样，席间，刘备出去方便，回来却脸色黯淡，双眼泛红，俨然哭过一般，哪里还有心情喝酒作乐。

刘表心生诧异，连忙表示关怀，这一问不打紧，刘备顿时潸然泪下，似是受了什么委屈，刘表一时无措，竟不知如何是好。一番好生安抚，待刘备心情平静，刘表再问何故，刘备长叹一声，听着让人无比心酸，"备往常身不离鞍，髀肉皆散；今久不骑，髀里肉生。日月蹉跎，老将至矣，而功业不建，是以悲耳！"

刘备其意乃是说，以前经常骑马打仗，终日以马鞍为伴，大腿上没有赘肉，而今没有战事，长时间不骑马，大腿上的赘肉长了出来，白驹过隙，岁月流逝，眼看一日日衰老，却没有建功立业，这不得不让人惭愧。

这段话尽管可能有后人杜撰的成分，因为确实无法证明在当时的那个场景之中，刘备曾经发表过上述的言论，但却是真真切切体现了刘备的心理活动。确实，刘备的年纪跟曹操是相当的，而曹操早已经完成了统一北方的丰功伟业，刘备却只能在南方的一座小城之中寄人篱下看人脸色。这对于一个怀揣着豪情壮志的英雄来说，无异于是把喜爱飞翔的鸟给硬生生地关在了笼子里，何况这笼子之外还有一只虎视眈眈的猫正在盯着他。这种对于时间流逝而自己一事无成的恐惧通过大腿长没长肉这样的一个再普通不过的问题给表现了出来，也足以见得刘备在交流方面所具有的出色才能。

刘表听刘备所言，良久无语，面露笑色，内心却对刘备有了厌恶之意。

刘表素来不主动生战事，荆州在其经营下，歌舞升平，一片生机盎然的景象，成了名士争相避难之地，这一向是刘表所引以为傲的事情，而刘备此意却是渴望战争。

"日月蹉跎，老将至矣，而功业不建"，刘表反复捉摸着刘备这句话，脸色越发阴暗起来。好端端的日子不过，却老想着东征西讨，如此纵容刘备，恐怕日后养虎为患。刘备毕竟不是刘表，他的野心不是停留在终日饱食、终守旧业上。

由髀肉之叹这件事情上，刘表与刘备二人不同的志向一览无余，这就是成就大事者与墨守旧业者的差距。刘表眼见新野的刘备日益壮大，心有不甘，更有谋臣建议将刘备斩草除根，刘表又想利用刘备加大在与曹操相抗衡中的胜算，因此迟迟不能决断如何处置刘备，对刘备之事也就一直拖延着，刘表的优柔寡断终究是为他带来了无可挽回的灾难。

汉献帝建安七年（公元202年），曹操与袁绍做最后的周旋，袁绍气急攻心，战场吐血，无几就身亡了，袁绍的小儿子袁尚即位，但是袁绍临死没有调解好三个儿子间的关系问题，致使袁氏集团内部分裂，内讧频发。

曹操采取分化战术，各个击破，袁尚入乌桓寻求帮助，袁尚与盘踞东北的乌桓组成联军，与曹操对抗，曹操远征乌桓，将大本营置于危难之下。

刘备听闻曹操远征乌桓，欣喜若狂，此乃天赐良机，曹操远征，必定是带着必胜之心，主力部队均被带走，大本营空虚，若是此时率军袭击许都，必胜无疑。毕竟在荆州境内，刘表的管制之下，刘备不敢轻举妄动，况且手中兵力有限，刘备马不停蹄亲往刘表处，劝刘表抓住这大好时机。

人各有志，刘表的志向本不在此，唯有让刘备失望了。刘备抑郁而回，一路精神恍惚，马跑得很慢，刘备满面倦色，两眼无神，似乎是对日后丧失了目标。在这乱世之中，不求进步，就会挨打，虽能求一时之安危，却不是长远之计。刘备对此事再明了不过，却无法将自己的意愿强加给刘表。再看刘表作为，前途似乎是一片黑暗，若是一味坐以待毙，只能落得下风。刘备对刘表已经不抱任何希望，在这兵荒马乱的年代有几人能够靠得住？刘备长叹一口气，不禁摇了摇头，既然不能依仗别人，就只有让自己强大起来这一条路可以走了。

想明白这些，刘备心情豁然开朗起来，信心坚定了，目标明确了，扬起马鞭，快马往新野奔去，意气风发的刘备又回来了。

当初刘备访司马徽之时，司马徽曾言，刘备虽心怀大志，却颠沛流离，寄人篱下，多半是因其"左右不得其人"，意思是刘备的身边缺少运筹帷幄的谋士。此番回来，刘备深思熟路，准备招贤纳士，扩充实力。司马徽曾言："伏龙、凤雏，两人得一，可安天下。"而来投的徐庶，极力推荐诸葛亮，看来，这诸葛亮确有超凡出众的才能，刘备求贤若渴，对诸葛亮萌生了好感，三顾茅庐为求贤。

诸葛亮，我终于见到你了

中国历史上关于求贤纳士的故事比比皆是，成为流传千古佳话的也不在少数，但是如刘备三顾茅庐一般影响深远，并能够家喻户晓、老幼皆知的却是凤毛麟角。刘备在中国历史上的形象也因为三顾佳话而光辉熠熠，成为世人眼中的明主。

刘备投奔刘表之后，暂得一席容身之地，但是寄人篱下，处处看人脸色，还要忍受刘表的监视与牵绊，自认为千载难逢的时机又不被刘表看重，刘备心中抱负得不到伸展而愤愤难平。入荆州多年，刘备仍旧毫无建树，见曹操铲除袁氏集团平定北方，即将完成北方统一大业，日月蹉跎，终日过着看似安定祥和的日子，所谓居安思危，刘备似乎已经看到危机正逐步蔓延。虽说大树底下好乘凉，但是别人终究是靠不住的，唯有自身强大起来，才能顶天立地。

刘备的决心很坚定，虽已到了奔五的年龄，但是能够看清这一点，仍为时不晚。刘备反复揣摩着司马徽那句话"左右不得其人"，再看自己闯荡半生，仍旧颠沛流离，天下之大，却无立锥之地，刘备不得不深思，这其中种种原因，真的就如自己所抱怨的那样，全赖于"命途多舛"四字吗？

刘备思前思后，司马徽所说不无道理，不管如何，要扩充实力，招贤纳士必不可少，前些日子，去拜访司马徽，司马徽称学生诸葛亮为"兴周八百年之姜子牙，旺汉四百年之张子房"，而有卓越的军事才能的徐庶也称赞诸葛亮"有经天纬地之才，盖天下一人也"。在与徐庶的交往中，刘备见识了徐庶的智谋与品行，非同寻常，刘备称其为"有王佐之才"。徐庶曾将自己与诸葛亮作了一个对比，"驽马并麒麟，寒鸦配鸾凤"。

司马徽与徐庶乃当世名士，有经天纬地之才，而诸葛亮又如此被二人推崇，可见诸葛亮不是一般人物。刘备打算将诸葛亮纳入自己麾下，便将徐庶唤来，让其引见诸葛亮。刘备的想法很简单，"学成文武艺，货与帝王家"是众多士人抱有的想法，诸葛亮有旷世之才，又是识时务之士，自然会乐得出仕。

刘备的想法过于简单，诸葛亮隐居隆中，声名远播，却没有为当政者所用，并非真的避世，而是比较慎重。隐居山林，冷眼旁观，却不是置身事外，看清形势，认准前途，在没有十足的把握之前，怎肯轻易出山！

刘备看惯了那些急功近利之士，而他自己也是一个四处奔走、有利就投奔之人，对于诸葛亮这样心存节操，愿为知己者死的名士很是少见，因为不了解，刘备轻视了诸葛亮的格调。仅仅凭一句"敢劳元直为备请来相见"，就想请得诸葛亮出山，刘备诚意不足，徐庶再言诸葛亮之不凡，刘备终于充分重视，为图霸业，求贤若渴，既然可安天下，亲访又何妨。

诸葛亮，字孔明，琅琊阳都（今山东沂南县）人，生于汉灵帝光和四年（公元181年），父母早死，由叔父诸葛玄抚养长大，十五岁时跟随叔父诸葛玄到荆州避难，在此拜师求学，成为司马徽与庞德公的学生，诸葛玄死后，诸葛亮就结庐隆中，过着半耕半读的日子。

汉献帝建安十二年（公元207年），诸葛亮已经在隆中生活了十年，在这十年里，诸葛亮一边勤奋学习，一边了解天下大势，熟悉政治与军事，成为一个声名远扬的饱学之士。"凤翱翔于千仞兮，非梧不栖；士伏处于一方兮，非主不依。乐躬耕于陇亩兮，吾爱吾庐；聊寄傲于琴书兮，以待天时。"诸葛亮的这段话，反映了他的抱负，十年隆中，只为待天时。

诸葛亮隆中十年，把自己锤炼成一个百科全书般的通才，天文、地理、气象、阴阳、兵法无不通晓，琴棋书画又样样精通。才华上毫不逊色，品行更是让人无可指摘，"淡泊以明志，宁静以致远"，这是诸葛亮一生的格言，锦衣玉食、富贵显达不是诸葛亮所求，他的目标在于更高层次的苍生事业，诸葛亮在这乱世之中仍能够保持中国士人传统的节操、气节、忠义，诸葛亮终其一生都在践行。

当然，刘备现下所知，仅仅是诸葛亮的一丝皮毛罢了，出于对诸葛亮才华的赏识，刘备与关羽、张飞带着厚礼，往隆中卧龙岗去拜见诸葛亮，只是，天不遂人愿，诸葛亮不在，刘备打算在隆中草庐等候，被关羽、张飞劝回。第一次，刘备失望而归，张飞心中的不满情绪已经泛滥。

第一次没有见到诸葛亮，刘备并没有气馁，正值寒冬腊月，大雪纷飞，刘备再次在关羽、张飞的陪同下，前去拜见诸葛亮，不料诸葛亮又外出未归，刘备惆怅不已，却也不敢懈怠，张飞是个直性子，脾气暴躁，没有耐心，见诸葛亮又不在家，心中恼怒，便吵着要回去。刘备见天色已晚，也不便久留，便写下一封信，表达了自己的敬仰之情，以及请诸葛亮出山协助自己救百姓于水火之中的请求。

诸葛亮归来，见了刘备的书信，心有所动，却并未有任何表示。刘备焦急，恐诸葛亮不肯接受出山辅助请求，再次携关羽、张飞来访。此次拜访，三人产生了分歧，关羽与张飞认为诸葛亮徒有虚名，心高气傲，不值得三番两次的拜访，若非要请诸葛亮令人前去差遣即可，何必劳驾刘备多次亲往。刘备将这二人斥责一番，坚持第三次入隆中拜访诸葛亮。

皇天不负有心人，诸葛亮终究是在家了，只是此时正值中午，诸葛亮小童来报，诸葛亮正睡午觉，不便打扰。张飞一听顿时火冒三丈，他一个粗人，哪里懂得这些文人的礼数，便要上前要将诸葛亮唤醒,刘备心细如发,将张飞拦住,与关羽、张飞在外等候,直到诸葛亮醒来。

刘备的诚意,诸葛亮看在心里,终究被刘备精诚之心打动,后来,诸葛亮在《出师表》中描述此事并表达自己的知遇之恩,"先帝不以臣卑鄙,猥自枉屈,三顾臣于草庐之中"。诸葛亮与刘备二人促膝长谈,诸葛亮见刘备心怀天下苍生,实为明主,尽管刘备此时正值潦倒落魄,仍旧毅然决定出山辅佐刘备。

这一年是汉献帝建安十二年(公元207年),刘备已四十九岁,诸葛亮仅二十七岁,君臣相见恨晚。刘备"三顾茅庐"开辟了事业的一个新局面,陈寿在《三国志》里记载刘备诸葛亮"君臣相遇,可谓希世一时",裴松之也说"诚君臣之至公,古今之盛轨也",可见刘备之"三顾茅庐"看似是一件刘备礼贤下士的小事,却是汉末历史发展进程中的一件重大事件,这主要得益于诸葛亮颇有先见的"隆中策"。

所谓隆中策,就是这次会面当中诸葛亮为刘备所设计的整个成就霸业的路线,原文是这样书写的:"自董卓以来,豪杰并起,跨州连郡者不可胜数。曹操比于袁绍,则名微而众寡,然操遂能克绍,以弱为强者,非惟天时,抑亦人谋也。今操已拥百万之众,挟天子而令诸侯,此诚不可与争锋。孙权据有江东,已历三世,国险而民附,贤能为之用,此可以为援而不可图也。荆州北据汉、沔,利尽南海,东连吴会,西通巴、蜀,此用武之国,而其主不能守,此殆天所以资将军,将军岂有意乎?益州险塞，沃野千里，天府之土，高祖因之以成帝业。刘璋暗弱，张鲁在北，民殷国富而不知存恤，智能之士思得明君。将军既帝室之胄，信义著于四海，总揽英雄，思贤如渴，若跨有荆、益，保其岩阻，西和诸戎，南抚夷越，外结好孙权，内修政理；天下有变，则命一上将将荆州之军以向宛、洛，将军身率益州之众出于秦川，百姓孰敢不箪食壶浆以迎将军者乎？诚如是，则霸业可成，汉室可兴矣。"

这篇对话可以说是《三国志》当中最为翔实的一条记录，在惜字如金的《三国志》当中特别显眼。因为它完整地概括出了三国为什么将要成为三国，而刘备又要往何处走的问题。这篇"隆中策"，主要围绕和针对曹操，当今天下，能够与曹操相抗衡的，有江东孙权，可联合孙权抗曹操。但是在此之前，要先夺取荆州、益州，占有一席之地，荆州乃是用武之地，益州乃是天府之国，以这二地为根据地，南抚夷越，西和诸戎，等待时机与孙权联合，夹击曹操，以图天下。

诸葛亮与刘备一番交谈，待得天时，觅得明主，便毫不隐瞒，精辟分析当世形势，提出"兴汉室，成大业"的战略。刘备听诸葛亮所言，如醍醐灌顶，敲醒了梦中人，对诸葛亮甚是佩服。

这是一次历史性的会面，它从根本上改变了刘备寻求出路的方式，以前刘备只是想做一个官员为朝廷效力，后来随着黄巾起义刘备走上了争夺中原霸权的道路。总体而言，刘备一直是在硬碰硬，没有想办法进行迂回，与曹操的几次硬碰硬最后的结果都是惨败，而诸葛亮的出现为刘备解决了最为关键的路线问题，其实就是"柿子捡软的捏"这个最简单的道理，刘备被这样的言论提醒了，终于让自己的事业走向了正途。

刘备以诸葛亮的"隆中策"为终极目标，从无立锥之地，一步一步走上三足鼎立的道路，这其中懂得运筹帷幄的诸葛亮立下了汗马功劳。

刘表的儿子

"善善而不能用，恶恶而不能去"，荆州名士徐庶如此评价刘表，此语将刘表优柔寡断、不能决断的性格弱点一语道破。这样的评语实在是很像那个在北方与曹操争锋失败的袁绍，事实上也的确是如此，刘表最后的几年可以说跟袁绍有着太多的相似之处了。刘表是个读书人，是非明了，却每每犹疑不决，常常见小失大，这就导致了刘氏悲剧的产生。

和袁绍一样，刘表在继承人的问题上也出了岔子。刘表年事已高，本该早早定下接班人，但是因其优柔寡断的老毛病，此事迟迟未定，由此引发了重重家庭矛盾，最后将一辈子打下的基业也葬送掉。

刘表有长子刘琦，次子刘琮，这二人乃是同父异母的兄弟，刘琦因长相伟岸，酷似刘表，甚得刘表宠爱，刘表立刘琦为继承人，这本是不争的事实，况且，自古就有立长之道。但是，事情的发展并没有这般顺利，半道又生出了枝节，刘琦的生母陈氏死后，刘表又娶了蔡瑁的姐姐，次子刘琮虽不是蔡夫人所生，却娶了蔡夫人的侄女，有着这层关系，蔡夫人对刘琮就有了好感，便义不容辞地站在了刘琮这一边。刘表宠爱蔡夫人，爱屋及乌，对刘琮也转变了态度，刘琮成为新宠，刘琦就被晾在了一边。

刘表所受教育乃是儒家文化，对古训甚是看中，虽然溺爱刘琮却没有萌生废长立幼的念头，但是蔡夫人却是一道难过的槛。刘表俨然一个妻管严，蔡夫人与其弟蔡瑁把持朝政内外，控制着刘表的势力，刘表宠爱蔡夫人，事事顺着他，蔡夫人恃宠而骄，处处给刘表施加压力，一有不如意之处，便大发雷霆，这正是刘表害怕的，蔡夫人中意刘琮，欲让刘表立刘琮为继承人，刘表摇摆不定，迟迟难以下定决断。

刘表对蔡夫人的宠爱倒是其次，刘表所畏惧的是蔡氏集团，蔡氏是荆州的地方大族，刘表对蔡氏的过分信任与重用使得他们掌握了军事大权，在这乱世之中，掌握军权就掌握着生杀大权，蔡氏日渐飞扬跋扈，刘表欲削弱他们的实力，但蔡氏已经羽翼丰满，难以撼动。

刘表对立长立幼之事，犹豫不决，欲立长，恐蔡氏不满而兵变，欲立幼，又碍于礼法不容。刘表自己也曾言："前妻陈氏所生长子琦，为人虽贤，而柔懦不足立大事；后妻蔡氏所生少子琮,破聪明。吾欲废长立幼,恐碍于礼法;欲立长,争奈蔡氏族中,皆掌军务,后必生乱,因此委决不下。"

此处史书记载,刘琮为蔡氏所生实属错误,因为刘表死时,娶蔡夫人不过四年的光景,如此来算,刘琮若是蔡夫人所生,不过是三四岁的孩童而已,但是,刘琮在刘表生前已经娶蔡夫人侄女一事,却是确凿,因此可以断定,刘琮并非蔡夫人所生,只是因着侄女这层姻亲关系而力挺刘琮罢了。

刘表在立嗣之事上表现出的迟疑,显然是与袁绍犯了同样的错误,不过是一念之差,却关系着两个家族的生死存亡。毛宗岗曾评价刘表:"既爱少子,又怜长子;既怜长子,又怕蔡氏。活画一没主意、没决断的人。"

刘琦失宠,心中焦虑,弟弟刘琮与继母蔡夫人的冷言寡语,还有父亲刘表的日益冷落,使得刘琦日日寡欢,他自知若是弟弟刘琮一朝得势,他便再无安身之地,刘琦长叹一声,只可惜没有曹植那样的才华,吟不出"本是同根生,相煎何太急"那样的诗句。

刘琦左思右想,无计可施,见刘备是智慧之人,便向他求安身之策,"继母不肯相容,性命只在旦夕矣"。刘备看似忠厚,却也是在乱世中摸爬滚打了多年的老江湖,不愿意插手刘表的家务事,以各种语言想推脱,"此是贤侄家务事,吾将如之奈何?"刘琦无奈,将可怜的目光转向了诸葛亮。

时诸葛亮刚入刘备麾下,是刘备的一个谋士。其实,若是细究，诸葛亮与刘琦还有着姻亲关系。刘表的后妻蔡夫人是当地名士蔡讽的小女儿，蔡讽还有一大女儿嫁给了黄承彦，而黄承彦乃是诸葛亮的岳父，拨开这一层一层的关系，诸葛亮与刘琦乃是辈分相同的亲戚。另外，将诸葛亮抚养长大的叔父诸葛玄与刘表是旧好，二人有着深厚的友谊，这双重的亲友关系，让诸葛亮与刘琦的关系看似非比寻常。

只是，当刘琦开了金口后，诸葛亮的表现却令刘琦大失所望。诸葛亮小心翼翼，与刘备一词，以此乃家务事不便指手画脚相推脱。三番五次地乞求，三分五次地被拒绝，尽管刘琦心有不快，但是他在忧心之余，还是捕捉到了诸葛亮的一句话"客居于此，不可言也。恐有泄露不便，容当再叙"。既是容当再叙，事情就还有转圜的余地。

刘琦悄悄准备与诸葛亮会晤一事，他瞅准了后花园的一座小楼。这日，刘琦将诸葛亮秘密唤来，二人走上小楼，喝酒畅谈，酒过三巡，刘琦命人将楼梯搬走，屏退下人，诸葛亮知道事情将要拉开帷幕。

刘琦开口便道"今日上不至天，下不至地，言出子口，而入吾耳，可以言未？"（《后汉书·刘表传》）诸葛亮但笑不语，刘琦性急，没有耐心，见诸葛亮如此，心中不免焦急，怎奈求人办事，也不好发作。

诸葛亮心中早有论断，他的心自出山之日起就已经跟定了刘备，并打定主意不生二意，即是如此也就不再顾忌与刘表的姻亲关系。诸葛亮在隆中对策中就曾劝刘备夺取荆州，再图益州，以作为根据地。依今日之见，刘琦与刘琮二兄弟相争甚急，他日必有一战，若真是如此，刘备都是可以趁机渔翁得利，这趁火打劫一招确实高明。

这一招成功与否，还要看刘琦自身实力如何，若是刘琦无缚鸡之力，那好戏根本无法上演。诸葛亮心中已经酝酿了计谋，刘琦在旁催得急切，诸葛亮也不再卖关子，吊人胃口，便凑至刘琦耳边，轻言"君不见申生在内而危，重耳居外而安乎？"刘琦心神意会，诸葛亮此语乃是劝他效仿重耳，远离政治中心，外出积蓄力量，以便与刘琮夺取荆州统治权。

刘琦感恩诸葛亮献计，却不知诸葛亮将自己从龙潭救出，又推入虎穴。诸葛亮的这招鹬蚌相争、渔翁得利的计谋，可谓是出山第一计，这成为刘备实践隆中策的第一步。

汉献帝建安十三年（公元208年），驻守江夏的太守黄祖不敌孙权，战死沙场。刘琦慧眼识机，抓住了此次机会，向刘表毛遂自荐，往江夏任职，终于实践了诸葛亮外出避难的计谋，刘琦在江夏养精蓄锐，却不知襄阳发生了翻天覆地的变化。

刘琦前脚刚走，刘表就卧病不起，这样拖了几个月，刘表知道自己行将入木，终究是立下了遗嘱，以刘琦为荆州之主。但是，刘表已手无缚鸡之力，外戚蔡氏手握大权，怎能容忍刘琦为继承人。蔡瑁封锁遗嘱之事，并万般阻挠在江夏的刘琦前来探病。刘表病入膏肓，无几撒手人寰，蔡瑁与刘琮联手，将刘表遗嘱篡改，立刘琮为继承人。兄弟二人反目成仇，战争一触即发，刘备只等坐收渔翁之利。

在刘氏二兄弟闹得不可开交之时，曹操气势汹汹而来，刘琮在权势争夺之中出尽了风头，取得了绝对的胜利，但是面对曹操的大军，却毫无办法，只等束手就擒。

刘氏兄弟步了袁氏兄弟的后尘，在内乱中迷失了方向，以至于将父辈多年创下的基业一步一步葬送，最后落得在内忧外患中忧郁而终的下场。

还是赶紧逃吧

曹操将中原袁氏势力铲除干净，统一北方已是大势所趋，这年寒冬，曹操率领大军远征乌桓，彻底铲除了袁氏残余势力，至此，曹操基本完成了北方的统一。

曹操春风得意，更不将汉献帝放在眼里，汉献帝自从上次衣带诏事件以后，见识了曹操的阴狠毒辣，便也不敢再有花花心思，吃喝玩乐，倒是乐得清闲，也就任凭曹操胡作非为了。

曹操掌握了朝廷的一切大权，虽无皇帝之名，却有皇帝之实。

野心作支撑，曹操终究是闲不住之人，在家闲了几日，便待不住了，有了乏意，肚中起南征的心思。英雄的伟大之处在于，一旦有了想法，便毫不迟疑，立即行动。出征的命令一下，曹操马不停蹄直奔荆州。曹操在北方战事接连凯旋之机，趁士气高涨之时，发布南征命令，想借一鼓作气的气势拿下荆州，但是士卒连日的作战，毕竟疲惫不堪，厌战情绪也逐步滋生，曹操达到顶峰的事业，逐步破绽百出，走起了下坡路。

曹操在南下之前，做好了充分的准备，首先，荆州不比北方，北方平原广阔，而地处南方的荆州河流纵横，曹军不习水战，必定难以应付。曹操命人在邺城挖了渠道，以此来训练水军。另外，更是提拔骁勇善战的年轻将领，并将其家人接到邺城团圆，话虽如此，其本意却是以家人为人质，以扼杀将领的反叛之心。

七月盛夏，骄阳当空，曹操的大军已经到达荆州边境，八月初，刘表因背上毒疮发作突然死亡，其次子刘琮成为继承人，长子刘琦此时据守江夏，囤积力量，正与刘琮闹得不可开交，刘琮任荆州牧以后，授予刘琦侯印，刘琦心中愤恨，作为长子本应继承父亲遗业，却被刘琮篡权，刘琦不服，企图借为父奔丧之机起事，以武力夺权。

曹操用荀彧之计，率领少数先头部队入南阳郡宛城，"今华夏已平，南土知困矣。可显出宛、叶而间行轻进，以掩其不意"（《三国志·荀彧传》）。曹操率领部队以出其不意、攻其不备之气势入宛城，让刘琮无暇备战。

刘琮闻曹操已入宛城，惊慌不已，大敌当前，暂时放下了与刘琦的恩怨，召集心腹，秘密商讨应敌之策。但是，刘琮手握重兵却不敢抵抗，一来初登大业，政局十分不稳定，刘琦正虎视眈眈，打着武力夺权的主意。二来，荆州群臣如蒯越、韩嵩、傅巽等这些主要将领享受惯了安逸，均不想战，主张投降曹操，入曹营为官。荆州的地方势力虽主张抗曹，但是毕竟实力有限，终究是力不从心，只好转而投降。

投降曹操，是刘琮万般无奈的选择，毕竟在别人手下为官，怎么讲都不若自己掌权自在，倘若稍有不慎，还会惹来杀身之祸。面对权臣的劝说，刘琮据理力争，"如今我与诸君共据全楚之地，守先君之大业，以观天下之事，有何不可？何必要降？"（《三国志·刘表传》）

刘琮此语一出，群臣便以三寸不烂之舌句句反驳，傅巽大言不惭，却让刘琮觉得句句在理，心服口服，"逆顺有其大体，强弱均有定势。以人臣而拒人主，是为逆时；以新兴之楚地而御国家，其势必不能当；以刘备以敌曹公，亦不能当。以上三者皆不行，所以要抵抗王兵之锋锐，是必亡之道。将军自料与刘备相比如何？"（《三国志·刘表传》）

此语中所称将军乃是指刘琮，对曹操也是以尊称称呼，十足一个亲曹派的立场，不等刘琮回应，傅巽句句紧逼。在他看来刘备虽寄人篱下，论智谋才华刘琮是不及刘备的，这一点刘琮也曾承认，"若刘备不足以御曹公，虽能保荆楚之地，也不足以自存；若刘备足御以曹公，刘备必不能为将军所驭"（《三国志·刘表传》）。刘备是个坚决的抗曹派，从以刘琮为首的刘氏集团来看，刘备抗曹无论结果如何，都于己没有好处，既是如此，何苦还要做无谓挣扎。

曹操大军已经往襄阳赶来，刘琮也不再挣扎，派特使北上与曹操商议乞降事宜，曹操没有想到入荆州如此之易，更怀疑刘琮假降，虽接受刘琮的投降，却也不敢放松警惕。一路南下，无甚抵挡，势如破竹，曹操入襄阳之日，刘琮亲自率领群臣迎接，让曹操享受到了如沐春风般的喜悦，曹操始相信刘琮乃是真降。

刘备在新野，一边联络刘琮，一边准备抗曹事宜，并不知刘琮投降。刘表临死时，以刘备辅佐幼主，刘备身兼重任，刘琮知刘备定不肯降曹操，因此乞降之事，并不敢告知刘备。

曹操的大军驻扎宛城，往襄阳而去，刘备见刘琮毫无抵挡之意，闻到了不同寻常的气息，隐隐猜测，心中做好了最坏的打算，便遣亲信去刘琮之处询问战情，刘琮见事情无法隐瞒，派了宋忠往刘备处告知实情。

事情应了刘备最坏的打算，刘备愤恨，事情太过急促，根本无法作打算，气愤的刘备丧失了往日的斯文，拿刀架在宋忠的脖子上，愤愤而言，"如今断卿之头，不足以解吾忿，大丈夫临别，亦耻杀卿等之辈！"宋忠畏惧而回。

本来刘备心中是对刘表的儿子还有所期待的，他满心期待着依靠荆州长久以来所积攒下来的实力与曹操再能大战一场，如果荆州军能够守住这块地盘，那么无疑战后刘备所得的功勋一定最多，再加上与刘表之间的关系，荆州很有可能像徐州一样转投刘备门下，到时候刘备再进行进入西川的工作就将变得十分容易。但事与愿违，每个昏庸的主子前面总会有几个进献谗言的。明明是为了将荆州整体打包献给曹操为自己邀功请赏，却把自己说成是关系主公安危的大功臣。刘琮这一降不要紧，把刘备再一次推到了水深火热的境地，而他的对手依然是那个与他青梅煮酒的曹孟德。

刘备心中焦虑，不知做何打算，便召集谋士商讨征集应对之策。诸葛亮劝刘备攻刘琮，取荆州，众谋士也纷纷附和，刘备以仁义严词拒绝，"汝等欲陷我于不义耶"，一句话，将刘备的仁义表现得淋漓尽致，刘备不取荆州，真的就如他所说，"不忍夺同宗基业"吗？

有大智慧之人，尤其是在这乱世之中，但凡能够成就大事业，必定不拘小节，自然非常时期有非常的作为。荆州可谓是膏腴之地，况且又是长江天堑，易守难攻，占据了它，北上、南下无不便利，但凡有野心之人，不能不动心，曹操觊觎已久，刘备也不能不为之倾倒，但是，刘备的高明之处，在于他不张扬，低调入尘埃，这反倒是为他赢得了仁义的美誉。

刘表重病之时，曾试探刘备，以荆州托付刘备，刘备推辞不就，因为刘备知道，刘表对自己一直怀有戒心，不然也不会将其打发至荆州边境新野，刘表此言必定是在试探刘备是否有谋逆之心，刘备没有贪这大便宜，因为他贪不起。

当时荆州望族蔡氏宗族，把持朝政，拥立刘琮夺取了政权，而刘备谨遵古训，一向倾向于立长子刘琦为继承人，刘备夺取荆州，蔡氏宗族是不会袖手旁观的。刘备不能夺荆州，因为就算是他夺取荆州成功，曹军大敌当前，刘备也得不到好处，荆州也只能落得得而复失的下场，所以此时冒天下之大不韪夺取荆州是不明智的。

刘备有座右铭"勿以小利失信于天下"，况且夺荆州小利与否尚且不明，刘备大智若愚，其计谋偶尔让诸葛亮都望尘莫及。毕竟势单力薄，刘备带领举城百姓往当阳逃去。

刘琮投降了曹操，日子倒也安逸，便将乞降的不悦抛诸云霄之外，手下将领王威知刘琮始无降意，便秘密进言，刘备出走，曹军放松警惕，不若趁此时机，生擒曹操，以此要挟，便可反败为胜。刘琮严词拒绝，接受了曹操授予的荆州刺史一职务，不管荆州事务，逍遥快活去了。

刘琮投降以后，驻守江夏的刘琦见大势已去，便入江南避祸，以待东山再起，后与刘备一同抗曹，赤壁之战以后，刘琦如愿以偿坐上梦寐以求的荆州刺史一职，只可惜，刘琦任刺史的第二年便死掉了。

我就是不说话

汉献帝建安十三年（公元208年），刘琮面对出其不意气势汹汹而来的曹军，惊惶无措，群臣纷纷倒戈，亲曹派占据多数，刘琮手握重兵，虽有抵抗之心却无抵抗之力，人生之憾事莫过于此。曹操入襄阳，刘琮硬着头皮率领群臣出城迎接，一方霸主，成为曹操的手下部将。刘琮颜面尽失，荆州百姓见刘琮无不掩鼻而过，其中厌恶可见一斑。

刘琮投降曹操，却悄然隐瞒在新野的刘备，刘备闻曹操来攻，率领士卒屯兵樊城前线，准备与曹操争个你死我活。但见襄阳毫无动静，心中不好的预感油然而生，当宋忠来报投降事宜，刘备惊骇不已，更是气愤难当。无力的刘备没有刁难宋忠，此中表现出了无比的大度，放宋忠一条生路。

将宋忠打发走后，刘备孤立无援，与曹操一战的决心也逐渐动摇，所谓识时务者为俊杰，此时与曹操一战，无异于以卵击石，况且刘琮大军已经向曹操投诚，刘备丁点胜算没有。诸葛亮力劝刘备取荆州，刘备与曹操积怨甚深，多次与曹操生死较量，自知曹操实力，即使能得荆州也难守，况且还会留下恩将仇报的骂名，因此他以冠冕堂皇的理由拒绝了诸葛亮的提议。

刘备绝望了，唯有三十六计走为上计，率领士卒弃樊城南逃。曹操青梅煮酒论英雄，指出当今世上唯有曹操与刘备称得上英雄，但见曹操一路声名鹊起，克袁绍，平定中原，统一北方，攻刘表，在乱世之中步步为营，逐渐崛起，一步一步走向胜利的高峰。反观刘备，却是狼狈至极，在曹操的步步紧逼下，一次一次如丧家之犬般投奔新主，又一次一次将刚刚经营得有声有色的基业抛弃，就连自己的妻儿都无法顾及，一次一次走向绝望。所幸，刘备抗压能力强，驭挫力量更不容小觑，接二连三在夹缝中卷土重来。

刘备抱着留得青山在不愁没柴烧的信念，再次逃命去了，让刘备热泪盈眶的是，在这落难时刻，刘琮左右及荆州众多百姓前来投奔，跟随刘备走向逃亡之路。樊城十万民众，奔走相告，纷纷跟随刘备南逃，如此庞大的一支队伍，必然会减慢行军速度，日行只有数十里，如此速度，万一曹操追来，那就只能坐以待毙，束手就擒了。

诸葛亮见形势紧急，劝刘备放弃百姓，先行逃命，刘备叹息一声，"奈百姓相随许久，安忍弃之？"新野、樊城百姓对刘备的信任，让刘备感激涕零，落难英雄不禁泪眼婆娑，当日出城之时，曾遍告百姓，愿意追随者可以同去，不愿意者可以留下，却听百姓异口同声，"我等虽死，亦愿随使君"，此时刘备哪里有颜面将两城百姓弃之不顾。诸葛亮知刘备宅心仁厚，不忍做坏人，也不强求，只是加快行军速度，心中对刘备却多了几分敬畏。从这样的一个故事之中尽显了刘备的英雄本色，体现出了跟曹操的一种完全不一样的气场，这也就难怪一提到刘备和曹操，当时的民众普遍认为刘备才应该是值得敬重的人。后来的《三国演义》扬刘抑曹的倾向便是这种情绪的终极体现。

刘备南行，往江陵方向走去，江陵富饶，贮存着大量的粮草、兵器，若是到此地，便可稍做休息，休整片刻，毕竟曹操远道而来，过长的战线对他非常不利。想及此，刘备派关羽从水路前进，准备入江陵会合。

话说，曹操见刘备南逃，心焦如焚，灭刘备之心由来已久，却多次被他侥幸逃脱，又见其带领两城百姓，不免松了一口气。曹操以先头部队停在襄阳、樊城等地，以乐进、徐晃驻守，自己则带领曹纯，率领五千精锐骑兵追击刘备。

毕竟人多难行，刘备行至当阳时，被曹操追上，曹操气势汹汹，刘备一路奔波，被曹操连连击退，终大败，扔下众多辎重而逃。在逃亡之中，刘备谋士徐庶的母亲被曹操捉拿，曹操以此为要挟，写信给徐庶，要徐庶入许都为其效劳。

徐庶是出了名的孝子，见书信，不忍抛弃其母，便含泪向刘备告别，其言让刘备也不禁泪湿衣襟，"本欲与将军共图王霸之业，以此方寸之地也。今已失老母，方寸乱矣，无益于事，请从此别"（《三国志·蜀书·诸葛亮传》）。刘备见徐庶如此，心中虽有万分不舍，也不敢强留，毕竟母子情深，若是强留徐庶，让母子二人承受分离之苦，那也不是大丈夫所为，况且，万一徐母被害，还会落下一个离人骨肉的罪名。徐庶挥泪告别了刘备，北上入许都侍奉其母。

曹操始知徐庶，乃是在博望之战中，徐庶为刘备军师，出谋划策，火烧博望，大败曹仁，曹操让人前去调查，知道了徐庶的底细，曹军虽吃了败仗，曹操对徐庶的才能却是十分佩服，更想有朝一日能够为己所用。

此次曹操得徐庶母，便抓住了这一契机，以此要挟徐庶入曹营。徐庶来了，却没有带来他的谋略与才华。《三国演义》记载，徐庶到许都，见其母，遭遇徐母痛斥，"投暗自取恶名，真愚夫也！吾有何面目与汝相见！汝玷辱祖宗，空生于天地间耳"，徐庶无言以对，始终不敢直视母亲，后徐母自缢梁间。但是观史书，并没有关于徐母自缢的记载，许是作者罗贯中为增加感人色彩，演绎出的一段故事。

徐庶入曹营以后，始终过不了忠义这一关，旧主刘备与挚友诸葛亮的面孔时时闪现在眼前，此时却要给曹操出谋划策，与旧人为敌，这份心情怎是一个苦字能够了得。徐庶一夜之间愚钝了，他不愿意为曹操效劳，当然，曹操见徐庶投诚并无诚心，对徐庶也是多加防范，毕竟徐庶与刘备、诸葛亮太过亲密。

赤壁之战中，徐庶并没有参与，他被曹操派去镇守长安，此种道理，聪明如徐庶，心知肚明，曹操对徐庶心怀芥蒂，害怕徐庶与刘备、诸葛亮相见之后，心中不免会顾及旧情，影响赤壁战局。徐庶倒是乐得远离是非，义不容辞北上驻守边境。

徐庶此时所处境地十分尴尬，昔日仇敌成为今日新主，尽忠则不能施展才华，干出些业绩则不能仁义两全，这其中滋味真是取舍两难。徐庶在曹营有数十年的入仕生涯，却并无所建树，反倒是在刘备手下寥寥数日的光景成就了徐庶。徐庶被湮没了，以其表现出来的才能，数十年间官至中郎将、御史中丞之职务，确实是可惜了人才，由此产生了谚语："徐庶入曹营，一言不发。"所谓，士为知己者死，只可惜，曹操没有这个福分。

诸葛亮听闻徐庶在曹营遭遇，不禁为徐庶叫屈。诸葛亮与徐庶师出同门，二人关系密切，又互相推崇，诸葛亮对徐庶才能自然明了，却见其无法尽其能，感慨万分，"魏殊多士耶！何彼二人不见用乎？"

当徐庶将功名利禄看淡以后，反倒自在了，在曹营不多言不多语，成了隐匿在朝廷中的一个隐者。徐庶在曹营终其一生，没有做出经天纬地的大业，试想，若是徐庶在刘备手下，必定又是另一番光景，满腹的才华得不到施展，满口的辛酸无人慰藉，徐庶这一生可谓不得志，但是其至孝之心，忠义之风却是流芳百世。

赤壁之战以后，徐庶得以摆脱曹魏，隐居江湖的念头油然而生，关于徐庶隐居何地，历史上众说纷纭，史书中记载甚少，目前还没有十分确切的史料。能够站得住脚的，就是徐庶隐居胶南帽子峰，胶南流传着"徐庶不离帽子峰"的故事。徐庶到此地后，运用渊博的天文地理知识为渔民排忧解难，甚有威望，时人为纪念他在帽子峰建起了徐庶庙，现今仍有庙基存在。

一个谋士，一生恐怕最希望的就是侍奉一位明主。徐庶在荆州蛰伏了多年，一直在期待着能有一位真正让自己大展才学的明主出现。刘备的出现让徐庶似乎找到了一汪清清的泉水。最后被曹操利用孝心给骗走也实属无奈。

一个谋士若不提供计策那无异于自废武功，徐庶这样做完全是为了抗议曹操的所作所为，充满了忠烈之感。而曹操在这件事情上也确实体现了他为了胜利不惜采用一切办法的冷酷无情的一面。徐庶一生，命运多舛，人生道路坎坷不平，最终没有做出什么惊天动地的大业。但他忠直坦诚、孝敬亲尊、力荐英才的人格品德将永传后世。

张飞爷爷一声吼

话说刘备率领大队人马,准备过江陵,与江夏刘琦会合,共同抗拒曹操。曹操在后穷追不舍,刘备让关羽走水路,分散曹操注意力,张飞带领先头部队入江夏刘琦处请求支援。刘备与诸葛亮一同往南而去,江陵物产富饶,刘备准备在此筹备物资,以供三军。但是,曹操不仅要捉刘备,也看中了江陵这块肥肉,便快马加鞭率领五千骑兵追赶刘备。

眼见曹军距离越来越近,刘备心急如焚,心中挂念关羽,刘琦的救兵迟迟未到,刘备谴诸葛亮亲入江夏,请求援兵。刘备人多势众,行军困难,诸葛亮前脚刚走,刘军就在当阳长阪被曹操赶上,一场恶斗即将展开。

刘备人多,包袱沉重,有生力量却有限,曹操气势汹汹,一顿猛追狠打,刘备无力抵抗。在这形势危急的时刻,刘备也顾不得亲情，仁义道德也弃之一旁，再次将妻儿丢下，更甭说新野、樊城两城的百姓了，刘备准备一拍屁股逃为上策。但是，曹操围追堵截，哪里能让刘备跑得掉。在战乱中，刘备家小与赵云皆失去音讯。

刘备奋力抵挡，仍不能突破曹操的重围，刘备绝望了，无救兵，无出路，刘备感叹毫无建树，却命不久矣。却在这时，听到了张飞的声音，原来张飞带领人马杀开了重围，前来解救。刘备顿时有了生气，跟随张飞一路拼杀，且战且退，行至隐蔽处，躲藏起来。

稍作喘息，正当刘备无计可施之时，却闻糜芳仓促来报，说见赵云策马往北面的曹营方向而去，此去必定是投奔曹操去了。张飞刚刚经历了一场生死拼杀，心中不悦，又闻赵云如此，想这赵云必定是见刘备山穷水尽，已经无利可图，很是识时务地投奔曹操去了，赵云为贪图富贵如此忘恩负义，让性情豪爽的张飞脾气大发，也不做思考，便要去寻赵云，扬言要亲自将赵云捉拿。

刘备身处险境，思绪却清晰，赵云乃是患难之交，重情重义，袁绍重金收买，都不为所动，今日怎会为荣华富贵而背叛兄弟情义。刘备听糜芳再三坚持，心中仍没有动摇对赵云的信任。张飞性急，便即刻起身，要去弄个明白，刘备再三叮嘱，不可错怪赵云。糜芳亲见赵云北走，而刘备以对赵云的信任，仍不怀疑赵云反叛，可见对赵云信任如此。《孙子兵法》云，用人不疑，疑人不用，在刘备这里得到了很好的诠释，这也许就是刘备手下能够聚拢一批肝胆之士的一个重要因素吧。

另一头，赵云果如刘备所料，忠心耿耿，并无反叛之心。此时，正与曹军浴血奋战，解救刘备家眷。此事要从刘备退守樊城之时说起，诸葛亮出谋划策，安排好了退守事宜，并将一份重任交给赵云，保护刘备家眷。

刘备年事已高，却仅有刘禅一丝血脉。此次撤退，凶多吉少，刘禅方年少，若是有了闪失，刘备就会断子绝孙，所以此中关系，甚是重大。赵云知道此任务必定要做到万无一失，不然就是刘家的千古罪人。

赵云心思缜密，犹豫片刻，这是万中无一的重担，他是否能够担当得起？赵云不怕死，为刘备可肝脑涂地，但是这护送之事，不比打仗，刀枪无情，一旦遭遇曹军，这老幼难以安置，恐怕就只能发生惨事。诸葛亮看出赵云心思，知此事确实为难，但是大敌当前，诸葛亮将其中利害一一讲明，赵云见如此，就只能挑起这重担，并暗下决心以性命保护刘备家眷。赵云对刘备家眷以性命相拼，誓死保护，刘备对赵云深信不疑，这君臣二人建立起来的绝对信任，可谓是肝胆相照，让人无限感慨。

当阳一战，曹军将刘军打得方寸大乱，刘备与妻小走散，赵云不负诸葛亮重托，独自一人寻找刘备家眷，曹军将其重重包围，曹操素闻赵云大名，又见赵云单枪匹马在曹军中厮杀，其气势难敌，便生出了惜才之情，让士卒不可伤赵云，以将其活捉，占为己用。

在曹操不得伤赵云命令的束缚下，曹军不敢放冷箭，又要把握力度，这反倒为赵云逃脱创造了条件，赵云救得刘禅与甘夫人，杀出重围，便寻刘备去了。

张飞率领几名士卒寻赵云，入当阳长坂桥时却闻阵阵马蹄声、厮杀声，见对面曹军正迎面而来，张飞心中一惊，再看身边士卒，寥寥几人，如何抵挡曹军。张飞虽武艺超凡，但也不是一介武夫，也有粗中有细的时候，张飞命人在一片树林遮掩的道路上扬起灰尘，以造成万马奔腾之势，给曹操唱一曲空城计，曹操果真中计，不敢再往前逼进。

张飞心中大喜，却不露声色，威风凛凛立于长坂坡上，横刀在握，威严尽显，张飞大喝一声，让曹军不寒而栗，纷纷不敢向前。《三国志平话》中有诗称赞张飞：

长坂坡头杀气生，横枪立马眼圆睁。
一声好似轰雷震，独退曹家百万兵。

曹操神将夏侯杰，年轻气盛，自动请缨，力战张飞。夏侯杰年方二十一，是西汉夏侯婴的后代，自幼舞刀弄枪，武艺超群，骁勇善战，战功显赫，曹操曾无比自豪赞扬夏侯杰，"夏侯麒麟真乃大将！"麒麟乃是夏侯杰的字。曹操的谋士贾诩也曾赞扬他，"麒麟真乃'麒麟帝'也"，军中常以"麒麟帝"称呼夏侯杰，可见这个夏侯杰不简单，也算是颇有名气之人。

张飞不怒自威，令曹军中多人丧胆，但是夏侯杰不怕，给张飞下了单挑的战书，曹操倒是乐得看好戏，两军中的勇将一对一单挑，这确实是一出好戏。高手相争，看点颇多，张飞与夏侯杰大战多个时辰，仍不分伯仲，张飞性急，有些耐不住性子了。

赵云寻得刘备，将刘禅与甘夫人送回刘备身边，刘备手握赵云肩膀，良久无语，眼中泪花闪烁，相对无言，心中却感慨万千，这对君臣同心同德，心中对彼此的信任更上一层。

赵云闻张飞在长坂坡，便带领士卒来到长坂坡，见张飞正与夏侯杰酣战，多个回合，仍不分胜负，张飞沉不住气，心中躁气满溢，竟有些不敌。赵云见此，趋马上前，与张飞共战夏侯杰。战争迅速升级，曹军之中顿时沸腾，加入战争行列，赵云负伤，策马而逃，去搬救兵了。

刘备派遣顾博领兵前来解救张飞，却被夏侯杰刺于马下，此役刘军大败，狼狈而逃，夏侯杰却是出尽了风头，立下了大功，曹操喜不胜收，加封赏赐自然不少。

《三国演义》中，将夏侯杰刻画成一个胆小如鼠的人物，被张飞的一声大喝吓得落马而亡，这实在是对夏侯杰的丑化，只可权当娱乐。究其原因，罗贯中先生一贯以刘备为正统，对刘备多加赞扬，而对曹操则有强行丑化之意，即便是刘备在当阳一战中战败，也不至于让其大失颜面。但这种描述却长期误导了许多喜爱三国历史的人,尤其是年轻人,当阳桥上一声吼让河水倒流的故事成为了家喻户晓的传说,只可惜这夏侯杰明明一身盖世武功却只能作为显示张飞威武形象的陪衬,还如此猥琐,原因只是站错了队伍,这实在是冤枉。

老三惹祸老二救

当阳长坂一战，刘备几乎兵力全失，赵云受伤，张飞打不过，且战且退，将长坂桥拆掉，以阻止曹军前进。曹操见张飞如此，心中不免一喜，原来刚刚是中了张飞的计谋，林子后面的道路上扬起的尘土，不过是张飞的障眼法罢了，曹操知刘备兵力所剩不多，便连日让士卒在长坂河上架起了大桥，过河追刘备。

刘备提心吊胆盼张飞回来，一阵马蹄声，见张飞一身疲惫，飞马回来，心中的大石头终于落地，不禁佩服张飞只身抵挡曹操精锐，却听张飞说，曹军现今已无法过河，再问其缘由，张飞说自己把长坂桥给拆了，刘备心口刚刚落下的大石头又提起来了。张飞勇猛无敌，智谋仍欠一筹，聪明如曹操，必定知道刘备军中无人，定会追来。

张飞后知后觉,听刘备将这其中缘由讲清,不免为刚刚的鲁莽而后悔,但是事已晚矣,自责也无济于事。刘备踱来踱去,心中没了计谋,诸葛亮、关羽不在身边,真是连个可以商讨之人也没有。张飞见刘备如此,心中焦急,自知闯了大祸,却也不敢插嘴。

曹操正连日修桥之事传来,刘备知事不宜迟,必须紧急撤离。在刘备的带领下,张飞、赵云等往汉津方向赶去,现下,唯有立即去投奔刘琦才能保命。只是,刘备心事重重,以今日之落魄,哪里有颜面去与晚辈刘琦相见,回想当时刘琦三番两次向刘备乞保命之策,刘备均以不干预刘表家务事为由敷衍,如今却要夹着尾巴去投奔。真是世事难料。

刘备身骑快马,心中却五味俱全,一阵骚乱,刘备神回当下,原来,江水挡住了去路,江有数丈宽,波涛滚滚,无一船只,纵有天大的本事也无法逾越。前有江水阻隔,后有曹操追兵,刘备让张飞前去探路,自己领兵在此等候,但见江面白茫茫一片,似有将人吞噬之气势。张飞快马十几里,仍不见江水之尽头,如此宽的河面,更不用说是有桥梁了。刘备见张飞那霜打的茄子一般的冷脸,就知一无所获。

上天无路,入地无门,再见眼前这辽阔的江水,听着身后哒哒的马蹄声,知曹操已经到了不远处,刘备绝望了,命运已经将他逼到了死胡同,除非天降神兵。刘备仰天长叹,良久无语,众人皆不知道如何安慰,索性也不言语。如此一来,唯有江面呼啸不停，唯有哒哒的马蹄声不断，死神一步一步向刘备靠近。

刘备放眼望向随从，寥寥无几，却个个都是死士，不禁泪溢眼眶，自从起兵一来，颠沛流离，不曾过安稳日子，更不曾享受荣华富贵，刘备心中满怀愧疚。听闻曹军越来越近，刘备抱着必死的决心，准备破釜沉舟，背水一战。

刘备的思维快速转动，毕竟是经历了多次生死离别久经沙场的首领，能在这危急时刻迅速冷静下来，做到临危不惧。刘备正打算部署迎敌计划，却见那张飞扔下一句话，跃马而去。原来，张飞拆桥惹来麻烦，心中有愧，便单枪匹马前去会曹操了。

张飞快马加鞭，片刻就闻曹军气息，张飞见曹军行走在飞虎山的山间小路上，便爬上路旁山峰，以大石为掩护。但见山下曹军众多，以刘备的力量根本无法抵挡，但是，曹操在此，狡诈如他，以张飞之谋略，使计谋根本躲不过曹操的法眼。张飞也不再浪费精力去耍聪明，打定主意与曹操决一死战。

张飞怒目而视，眼中的怒火似要喷发而出，大吸一口气，张飞紧握蛇矛，就要冲将下去，却见对面山上隐匿着一支士卒，距离太远，张飞不知是敌是友，便不敢轻举妄为，只等时机，确定对方身份。

张飞目不转睛，注视着这两支军队，不消片刻，却闻对面山上一阵呐喊，直冲山下，但见那领头的，骑一匹快马，再细看之下，见此人正是关羽。张飞大喜，随即冲下山来，与关羽一同抗拒曹操，张飞见曹军在关羽面前不过如此，便大为放心，又想起刘备还在江边等消息，便告别关羽回去给刘备通风报信去了。

张飞多时不回，刘备心中七上八下，听人来报，一飞骑正往江边赶来，便料定是张飞，大喜，亲领赵云迎接，张飞将遇见关羽种种一一汇报，刘备喜不胜收，果真是天无绝人之路，绝地逢生，刘备紧握张飞手，激动万分。刘备见了关羽，千言万语都无以言说心中的喜悦。此次，关羽救刘备立下了汗马功劳，他的功绩簿上又添了一大笔。

鲁肃版的"隆中对"

话不多说,后方还有曹操,逃命要紧,在关羽的安排下,刘备率领士卒往江夏方向而去。刘备到了江夏,见了诸葛亮与刘琦,逃难的日子告一段落。但是,但凡能够称得上英雄的,必然有些共同的特点,大业未成,永远闲不住就是其一。刘备刚刚坐热了屁股,就派诸葛亮前往江东,商议抗曹大事。

此事要从刘表在世时说起,汉献帝建安十三年(公元208年),在江东站稳手脚的孙权年轻气盛,野心勃勃,派大将甘宁领兵攻打江夏,准备以此为基地,夺取荆州。曹操正与刘表周旋,见孙权进攻江夏,知孙权有取荆州之意,便确立了南征计划,将大军屯守南阳。此时,曹操占据中原,一统北方之势已经不可抵挡,孙权虽占据江东,却仍旧不能够与曹操相抗衡。

东吴集团之中分化成两个派别,一个是联合刘备攻曹操,一个是联合曹操攻刘备，军中多数人劝孙权投降曹操，周瑜与鲁肃据理力争，使孙权接受了联刘抗曹之建议。但是，这只是剃头挑子一头热，至于刘备是何种态度，仍需探明。刘表死后，孙权以吊丧为由，让鲁肃北上，以试探刘备心思。

东吴集团中，联刘抗曹主要推动者是鲁肃。鲁肃字子敬，临淮柬城人，今定远东南乡人，是吴国杰出的政治家。鲁肃身材魁梧，性格豪爽，熟读经书，智谋颇多，见解独到，又精通骑射。鲁肃少时家境富有，却没有富家子弟的娇气，虽富有，却轻财好施，经常慷慨解囊，仗义疏财，救助穷人，以此声名远扬，甚得乡人敬佩。周瑜为居巢守将时，曾路过临淮，因缺粮少草，无法行军，恰闻鲁肃大名，便抱着一丝希望向鲁肃求救，鲁肃竟以一仓粮食赠送周瑜，其慷慨如此，可见一斑。周瑜感恩于他，便与之结交。

后临淮战乱，鲁肃入江东避难，与周瑜相见，周瑜感恩当日赠粮之恩，又见鲁肃志向远大，谋略有余，便向孙权推荐了鲁肃，自此鲁肃入东吴任职，开始了他的人仕生涯。

孙权与鲁肃相见恨晚，鲁肃为孙权指点江山，提出了有名的可以和诸葛亮的"隆中对"相提并论的"榻上策"，为孙权制定出了鼎立江东之策，可谓立下了汗马功劳。在《榻上策》之中鲁肃为孙权规划了整个发展前景，许多方面与诸葛亮的不谋而合。鲁肃说："昔高帝区区欲尊事义帝而不获者，以项羽为害也。今之曹操，犹昔项羽，将军何由得为桓文乎？肃窃料之，汉室不可复兴，曹操不可卒除。为将军计，唯有鼎足江东，以观天下之衅。规模如此，亦自无嫌。何者？北方诚多务也。因其多务，剿除黄祖，进伐刘表，竟长江所极，据而有之，然后建号帝王以图天下，此高帝之业也。"（《三国志·吴书·鲁肃传》）这实际上确定了曹操孙权刘表三分天下的这样的基本态势，而这条建议比诸葛亮向刘备提出"隆中对"整整早了将近八年的时间，足以见得鲁肃具有十分高远的眼界和十分犀利的战略眼光。因此，在刘表去世的消息刚一传到江东，鲁肃便感觉到有必要和流离失所的刘备取得联系共同对抗曹操。

实际上这时的鲁肃非常清楚，他那个初级版天下三分战略当中的刘表将要更换成刘备了。于是鲁肃对孙权进言："夫荆楚与国邻接，水流顺北，外带江汉，内阻山陵，有金城之固，沃野万里，士民殷富，若据而有之，此帝王之资也。今表新亡，二子素不辑睦，军中诸将，各有彼此。加刘备天下枭雄，与操有隙，寄寓于表，表恶其能而不能用也。若备与彼协心，上下齐同，则宜抚安，与结盟好；如有离违，宜别图之，以济大事。肃请得奉命吊表二子，并慰劳其军中用事者，及说备使抚表众，同心一意，共治曹操，备必喜而从命。如其克谐，天下可定也。今不速往，恐为操所先。"

在这条进言当中，鲁肃十分详细地说明了为什么要与刘备联合，以及进行联合的方式，充分地体现了鲁肃对于未来战略的良好考量。孙权随后同意了鲁肃的这条建议。

之后鲁肃渡江去吊丧，实为了探查刘备的口风，第一次孙刘联合也就由此开始。

三国

魏武挥鞭

选题策划：胡岳雷
责任编辑：陈力杨　张晶晶
封面设计：吕丽梅